中国時代劇がさらに楽しくなる！

皇帝と皇后から見る中国の歴史

【監修】関眞興
【著】菊池昌彦

辰巳出版

中国時代劇がさらに楽しくなる！　皇帝と皇后から見る中国の歴史　目次

III 中国歴代王朝 皇帝・皇后たちの真実 079

I

これは必見！　中国時代劇10選

ミーユエ ―王朝《おうちょう》を照《て》らす月《つき》―

秦が強国となる礎を築いた始皇帝の高祖母

原題：羋月傳
製作年：2015年
話数：全81話
監督：ジョン・シャオロン

天下を治めると予言され秦の実権を握った宣太后

戦国七雄が覇を競い合った紀元前4世紀、楚《そ》の夜空に覇星が現れ「間もなく生まれる子が国を制する」と予言される。喜んだ楚王だったが、愛妾の向氏《しょうし》が生んだのは女の子だった。嫉妬心の強い楚の王后は、生まれた赤ん坊を捨てさせるが、奇跡的に生き延びたことから、羋月（ミーユエ）と名づけられ、王宮ですくすくと育つ。

王后やとりまきの側室からの嫌がらせは激しくなるばかりだったが、ミーユエは王后の娘である羋姝《びしゅ》と仲良くなって絆を深めていく。さらに、大臣の屈原《くつげん》の弟子で、その聡明さを知られる黄歇《こうあつ》とも出会い、想いを寄せあうようになる。

そんなとき、秦公《しんこう》となった嬴駟《えいし》と羋姝との縁談が持ち上がる。羋姝がミーユエの同行を望んだことから、黄歇と別れて秦に赴いたミーユエ。楚と秦の同盟を妨害する勢力、さらには後宮の魏《ぎ》夫人などから命を狙われ、ミーユエは羋姝を守るために奔走する。ところが、嬴駟の心が次第にミーユエに傾いていくと、羋姝との関係にも亀裂が入る。

後宮はミーユエ、羋姝、魏夫人による三つ巴の争いに発展し、羋姝が蕩《とう》(のちの武王《ぶおう》)、ミーユエが稷《しょく》(のちの昭襄王《しょうじょうおう》)を生み、後継者争いとなる。やがて嬴駟(恵文王《けいぶんおう》)が亡くなると、ミーユエは秦を強国にするために立ち上がる。そんなミーユエの前に、異民族の義渠王《ぎきょおう》・翟驪《たくり》、そして楚の重臣として、春申君《しゅんしんくん》と呼ばれるようになった黄歇が現れる。

秦の恵文王の王妃で、昭襄王の母となった宣太后《せんたいこう》をモデルとした大河ドラマ。唐《とう》の武則天《ぶそくてん》や漢《かん》の呂太后《りょたいこう》よりもはるか昔に、女性でありながら国政を握り、秦の始皇帝《しこうてい》による中国統一の基礎を固めた、実質的な女帝の波乱に満ちた生涯を描く。

総制作費58億円を投じ、史料の少ない戦国時代の秦の宮廷を再現し、後宮の王妃たちの華麗な衣装を準備。前半はミーユエが王妃となるまでの楚や後宮での受難、後半は秦の権力者となったミーユエの政治家としての葛藤を描く。商鞅《しょうおう》や張儀《ちょうぎ》、白起《はくき》や春申君といった史書にも名の残る名臣たちとも渡りあう、ミーユエの毅然とした姿はまさに女帝の風格。

主演のミーユエを演じるのは、**『宮廷の諍《いさか》い女』**でブレイクした人気女優のスン・リー。そのライバルで恵文后《けいぶんこう》をモデルとする羋姝を演じるのは**『琅琊榜《ろうやぼう》 ～麒麟の才子、風雲起こす～』**のリウ・タオ。両者の愛憎渦巻く戦いが迫力満点で、高視聴率を獲得。上海テレビ祭マグノリア賞では、作品賞に加えて、主演女優賞、助演女優賞の三冠を獲得した。

コウラン伝《でん》 —始皇帝《しこうてい》の母《はは》—

愛に揺れ逆境から王妃となった始皇帝の母

原題：皓鑭傳
製作年：2019年
話数：全62話
監督：リー・タッチウ

男に利用されるだけではない力強い新たな趙姫像

趙《ちょう》の重臣の娘として生まれた李皓鑭《りこうらん》は、母を殺害され継母に虐《しいた》げられて成長した。さらに恋人であった蛟《こう》王子も異母妹の岫玉《しゅうぎょく》に奪われ、家を追われ奴婢《ぬひ》として売られてしまう。

そんな彼女を、衛《えい》の大商人である呂不韋《りょふい》が救い出す。皓鑭の美しさと才覚を気に入った呂不韋は、王宮の宴席で皓鑭に舞を披露させ、趙王室への接近に成功する。しかし、呂不韋の目的は、趙一国ではなく天下を動かすことだった。皓鑭もまた、呂不韋の野望を知って生きる意欲を取り戻しともに手を組んだ2人は次第に惹かれあうようになる。

呂不韋は、趙で人質生活を送っていた秦の王孫・嬴異人《えいいじん》(子楚《しそ》)に目をつける。異人を秦に連れ帰って王位に就けようと画策し、皓鑭は王宮の女官として異人に接近する。やがて、異人は皓鑭に夢中になるが、異人に恋する趙の王女や、かつて恋人を奪った岫玉から嫉妬を受ける。ついに皓鑭は罠にはまり、王暗殺未遂の嫌疑がかけられてしまう。

一方で、異人の秦への逃亡計画も着々と進められていた。呂不韋は、愛する皓鑭と野心の実現に欠かせない異人と、どちらを優先するか選択を迫られる。そして皓鑭も、同志である呂不韋と、目的のために近づきながらも優しく誠実な異人との間で気持ちが揺れていく。やがて、趙に取り残された皓鑭は異人と契り、男子を出産する。政《せい》と名づけられたこの子が、のちの秦始皇帝となる。しかし、皓鑭には数々の困難が待ち受けていた。

清《しん》朝を舞台にした**『瓔珞《えいらく》～紫禁城に燃ゆる逆襲の王妃～』**など、中国時代劇の名匠として知られるユー・ジョン監督のプロデュースで、始皇帝の母をモデルに描いた歴史劇。史書には趙《ちょう》姫《き》として記録されるが、ドラマでは「光り輝く美しい珠」という意味の皓鑭と名づけている。

歴史上の趙姫は、嬴異人に求められて呂不韋が差し出した愛妾とされる。このため、趙姫の生んだ始皇帝は、呂不韋が父親ではないかとささやかれている。一方で皓鑭は、呂不韋とも共闘する同志としての立場を崩さない。皓鑭、呂不韋、嬴異人が共通の目的のために手を握りながらも、皓鑭を巡る三角関係に発展するというのが見どころ。

『瓔珞』でヒロインとなったウー・ジンイェンが皓鑭役、同じく乾隆帝《けんりゅうてい》を演じたニエ・ユエンが呂不韋を演じ、息のあったところを見せる。他にも**『瓔珞』**に出演したキャストが多数起用されており、ユー・ジョン作品らしい安定感。これにユー・ジョン脚本の**『美人心計～一人の妃と二人の皇帝～』**で武帝を演じたマオ・ズージュンが嬴異人役として加わっている。

賢后《けんこう》 衛子夫《えいしふ》

使用人から皇后にまでなった前漢武帝の皇后

原題：衛子夫
製作年：2013年
話数：全47話
監督：リウ・ジャハオ

無実の罪で死を賜った衛子夫の悲劇の真実

貧しい家に生まれた衛子夫は、「不争、不顕、不露、心善志堅（争わず、感情を表に出さず、才能をひけらかさず、善の心で堅い志を持つ）」という言葉を胸に成長する。母の死後、異父弟ながら仲良く育った衛青《えいせい》とともに、平陽公主《へいようこうしゅ》の使用人となった衛子夫。公主は時の皇帝である武帝《ぶてい》の姉であり、聡明な衛子夫は目をかけられるようになる。

そんなある日、姉の屋敷を訪れた武帝が、衛子夫が披露した舞の美しさにひとめ惚れする。公主の勧めもあって武帝の後宮に入ることになった衛子夫だが、武帝は実権を祖母である太皇太后に握られ、政治的にも無力な状態だった。さらに後宮も、絶対権力を握る陳《ちん》皇后が支配しており、弟の衛青まで命を狙われる。自分の無力さを嘆く武帝を慰める衛子夫だが、同時に幼い頃に生き別れ、武帝の護衛となっていた初恋相手の段宏《だんこう》とも再会する。

衛青や段宏に助けられながら、陳皇后らのいじめに耐えてきた衛子夫は、ついに武帝の子を生み皇后に立てられる。しかし、皇帝の寵愛を巡る后妃《こうひ》たちの戦いはさらに熾烈《しれつ》さを増す。

使用人の身分から前漢《ぜんかん》の武帝の后妃となり、4人の子を生んで皇后にまでなった実在の女性を描いたラブストーリー。謙虚で出しゃばらず、賢后と称えられた衛子夫は、史実では晩年に武帝の寵愛を失ない、皇太子が皇帝を呪い殺そうとしたという「巫蠱《ふこ》の禍《か》」に連座し、無実の罪で自害を命じられている。果たしてドラマではどこまで描かれるのか？

豪華絢爛な漢代の宮中を再現しながら、後宮でくり広げられるドロドロの女の戦い。時には男性をも巻き込む陰謀のなかで、誠実に愛を貫くヒロインがいじらしく健気《けなげ》である。

衛子夫を演じるのは、2000年代に中国四大若手女優に数えられたワン・ルオダン。武帝役には秦始皇帝から清のホンタイジまで、皇帝役が似合う香港スターのレイモンド・ラム。さらに、段宏を演じたシュー・ジェンシーは、本作でブレイクを果たしている。

中国では、年間800本以上のドラマが製作されているという。製作費も当時としては破格の17億円を投じ、高視聴率を記録した。

三国志《さんごくし》—Secret of Three Kingdoms—

原題：三国機密之潜龍在淵
製作年：2017年
話数：全54話
監督：パトリック・ヤウ　スティーブ・チェン

登場人物全員が秘密を抱えたひと味違う三国志

献帝の代役となった双子の弟が天下の行く末を見極める

後漢《ごかん》末期、曹操《そうそう》は皇帝である献帝《けんてい》・劉協《りゅうきょう》を囲い込むことで勢力を拡大していた。都から離れた温《おん》県の司馬《しば》家に預けられて育った劉平《りゅうへい》は、心優しく医者を目指す青年に成長。才気と武勇に優れる司馬家の次男の司馬懿《しばい》とは、兄弟同然の間柄であった。

そんな劉平が、ある日、突然父により都に連れ戻される。しかも、劉平は皇帝である献帝・劉協の双子の弟だという衝撃の事実を知らされる。劉平が都に着いた時、病床にあった皇帝はすでに亡くなっており、傍らには皇后の伏寿《ふくじゅ》が控えていた。兄の遺言により、献帝となって曹操に立ち向かい、漢王朝を再興する夢を託された劉平。伏寿から皇帝としての振る舞いを教えられるも、漢の再興のためには非情にもなれる伏寿と、心優しい劉平とは意見が合わない。

一方、劉平を追って都を訪れた司馬懿は、献帝の兄で廃位された弘農王《こうのうおう》の妃であった唐瑛《とうえい》と出会う。司馬懿との合流を果たした劉平は、伏寿のサポートと司馬懿の知略を得て、荀彧《じゅんいく》や満寵《まんちょう》といった曹操の有能な家臣たちからの疑いをかわしていく。

次第に心惹かれていく伏寿への想いを秘め、ときには冷酷な策も用いる司馬懿ともぶつかりながら、劉平は真の皇帝として成長していく。やがて、北の袁紹《えんしょう》と曹操による決戦が迫るなか、劉平はどちらが民にとって必要な存在か、皇帝としての選択を迫られる。

中国でも日本でも人気の高い『三国志演義』を、独創的な設定で再構築した新感覚時代劇。原作は人気作家マー・ボーヨンの『三国機密』。後漢最後の皇帝となる献帝に双子の弟がいたという驚愕のオープニングから、登場人物がそれぞれに秘密を抱えているという複雑さ。一方で要所要所は、史実ともリンクしているという緻密な構成に引き込まれる。

キャストを美男美女で固めているという点にも注目で、主人公・劉平を演じるのは、イケメンオーディション番組で注目を集めた回族出身のマー・ティエンユー。その無二の親友である司馬懿役は、精悍《せいかん》な顔立ちでファッション誌の表紙も飾るエルビス・ハン。本作でブレイクした注目の若手俳優に対して、ヒロインを演じる伏寿にはレジーナ・ワン、司馬懿と絡む唐瑛をドン・ジェと、年上の実力派女優をあてて安定感をかもしだす。

さらに、曹操の息子・曹丕《そうひ》を、アイドルグループMIC男団のタン・ジェンツー、劉平に想いを寄せる曹操の娘・曹節《そうせつ》を新進女優ワン・ユーウェンが演じ、こちらもブレイク。三国志をまったく知らなくても楽しめる上、知っている人ほど驚愕する一級のエンターテインメント。

独孤伽羅《どっこから》 —皇后《こうごう》の願《ねが》い—

南北朝時代に3人の皇帝に嫁いだ3姉妹の愛憎

原題：独孤天下
製作年：2018年
話数：全55話
演出：ホー・シューペイ

政略結婚から生まれた愛が隋の天下統一につながる

「独孤を得たものが天下を得る」。北周《ほくしゅう》の初代皇帝・宇文覚《うぶんかく》は、予言を受けて柱国大将軍の独《どっ》孤信《こしん》を頼る。信には3人の娘がいたが、長女である般若《はんじゃく》は、皇帝のいとこで国の実権を握る宇文護《うぶんご》と密かに愛し合っていた。しかし、冷徹な宇文護と別れて皇兄の宇文毓《うぶんいく》に嫁ぐ。

側室の子であることに引け目を感じ、野心の人一倍強い次女の曼陀《ばんた》は、許婚《いいなずけ》であった陳留《ちんりゅう》郡《ぐん》公の楊堅《ようけん》と心を通わせながらも、3女の伽羅の許婚である隴西《ろうせい》郡公の李澄《りちょう》に接近。名門である李家に嫁ぐため、陰謀により伽羅の縁談を破談にし、李澄の父である八柱国の李昞《りへい》に嫁ぐ。

3女の伽羅は、皇弟の宇文邕《うぶんよう》と想いあっていたが、父により縁談を決められ、さらに姉の曼陀により破談にされる。やがて、独孤家を守るため、政略結婚で楊堅に嫁ぐことになる。

般若は、宇文護からの未練を断ち切って宇文毓の皇帝即位に尽力し、見事に皇后となる。曼陀は李昞の側室たちを次々と追い落とし、息子の李淵《りえん》を生み皇后になるべく暗躍する。伽羅と楊堅は仮面夫婦の冷戦状態が続くも、伽羅は実直な楊堅の人柄に触れ、楊堅も献身的で聡明な伽羅を信頼し、次第に愛しあうようになる。

しかし、北周の権力争いは激化し、3姉妹の運命は大きく変わっていく。般若は若くして命を落とし、曼陀は楊堅の出世に妬みと苛立ちを募らせ、伽羅に次々と罠をしかける。そして伽羅は、数々の欲望と策略に翻弄されながら夫を支え、ついに楊堅を隋《ずい》の初代皇帝に押し上げる。

南北に分裂していた中国を統一した隋の文帝《ぶんてい》と、その皇后であった独孤伽羅を描いた愛憎劇。史実では独孤信には7人以上の娘がいたというが、北周、隋、唐の3代で皇后となった3姉妹に集約。彼女たちの対立が、権力を巡る男たちの攻防にも大きく影響していく。

『ときめき旋風ガール』のヒロインで注目を集めたフー・ビンチンが、若く快活な少女時代から、カリスマ性に満ちた皇后になる伽羅を堂々と演じる。対して姉の般若を演じるアン・アン、曼陀を演じるリー・イーシャオも、皇后になるために愛を犠牲にする姿は、単なるライバル役を超え、それぞれがヒロインともいえる存在感でストーリーに引き込む。

一方の男性陣は、数々の時代劇で注目を集めたチャン・ダンフォンが楊堅役として、曼陀と伽羅に挟まれる。さらに、**『賢后 衛子夫』**の段宏役でブレイクしたシュー・ジェンシーが、北周の実権を握る宇文護を演じる。冷酷な政治家でありながらも、別れた般若を想い続けるがゆえに運命を狂わせる姿は「史上最も胸の痛くなる悪役」と呼ばれて大きな話題となった。

武則天《ぶそくてん》 —The Empress—

中国史上唯一の女帝がたどった波乱の生涯

原題：武媚娘傳奇
製作年：2015年
話数：全82話
監督：ガオ・イーシュン

嫉妬と陰謀の渦巻く後宮から権力者となった武則天

2代皇帝・李世民《りせいみん》により唐の地盤が固められていた時代。14歳の武如意《ぶにょい》は、側室のなかでも下位の才人として後宮に入る。折しも、後宮は亡くなった文徳《ぶんとく》皇后の後釜の座を巡って権力争いの最中にあった。美しく才知に長《た》けた如意は、韋貴妃《いきひ》から執拗な嫌がらせを受けるも、博識な親友の徐慧《じょけい》、公正な楊淑妃《ようしゅくひ》らに助けられ、李世民から媚娘《びじょう》の名を与えられる。

しかし、「唐は3代で滅び、武氏が興《おこ》る」という予言が流布《るふ》し、武媚娘に疑いの目が向けられる。媚娘は李世民から遠ざけられ、代わって皇帝から寵愛を受けたのは親友の徐慧だった。一方、朝廷では李世民の後継者を巡り、長男の皇太子と3男の呉王《ごおう》、4男の魏王《ぎおう》が争っていた。後継者争いに巻き込まれた媚娘は、9男の李治《りち》に策を授けて皇帝への道を切り拓く。

李治は3代高宗《こうそう》となるが、今度は王《おう》皇后と蕭淑妃《しょうしゅくひ》が対立し、媚娘は李世民との間に授かった子を流産させられる。度重なる裏切りに復讐を誓った媚娘は、高宗の側室として後宮に返り咲く。それは、李世民が作り上げた国を自分のものとする、権力者への道でもあった。

中国では悪女とも烈女とも評される中国史上唯一の女帝・武則天（日本では則天《そくてん》武后《ぶこう》）を主人公とした一大叙事詩。武則天のドラマや映画は数あるが、本作は56億円の予算を投じ、スタッフ総数も1000人を超えるという空前のスケールで製作。82話の大長編でありながら時間帯視聴率で常にトップを独走し、当時の中国時代劇歴代最高視聴率を叩き出した。

主演は、ハリウッド映画にも出演し、日本のCMにも起用されていた中国トップ女優のファン・ビンビン。本作で中国版エミー賞といわれる国劇盛典の最優秀女優賞とパーソン・オブ・ザ・イヤーを受賞。まさに女帝にふさわしい迫力のある演技で、彼女の代表作となった。のちに脱税を告発され、表舞台から降りるところまで武則天と重なる。また、史実では凡庸とされる高宗は、歌手でもあるアーリフ・リーによって誠実で心優しい皇帝となっている。

ちなみに、13話には日本人俳優の松島庄汰《まつしましょうた》が出演。日本から来た囲碁の名手として、ファン・ビンビンと緊迫した対局をくり広げる。

麗王別姫《れいおうべっき》

―花散《はなち》る永遠《えいえん》の愛《あい》―

傾きはじめた唐の動乱の影で消えた幻の妃

原題：大唐栄耀
製作年：2017年
話数：全82話
監督：リウ・グオナン

代宗の妃として名の残る沈氏の悲劇的ロマンス

唐の繁栄を築いた玄宗《げんそう》は、楊貴妃《ようきひ》を寵愛したことで政情不安を招く。呉興《ごこう》太守の娘で、その美しさと聡明さが真珠のように輝くとうわさされる沈珍珠《しんちんじゅ》は、玄宗の孫の広平王《こうへいおう》・李俶《りしゅく》のお妃候補に選ばれる。しかし珍珠は、かつて自分の命を救ってくれた初恋の人が忘れられず、男装して家を飛び出し、初恋の相手を探す旅に出る。そして、身分を隠して旅をしていた李俶と出会い、思いがけず一緒に旅をすることになる。

次第に打ち解けていく2人だが、珍珠の両親が何者かに惨殺され、弟の沈安《しんあん》も行方不明となる。真犯人の手がかりを得るために後宮に入った珍珠は、李俶の妃として再会を果たす。喜ぶ李俶に対して、両親の仇《かたき》かも知れない李俶に心を開けない珍珠。一方の李俶も、宮中に渦巻く陰謀を明らかにするために捜査を進めていた。やがて、珍珠の真の仇が楊貴妃の一族で権力を握る楊国忠《ようこくちゅう》であることがわかり、2人は心を通わせていく。しかし、安禄山《あんろくざん》による反乱で離れ離れにされてしまう。再会を願って奔走する2人だが、珍珠に想いを寄せる安禄山の子の安慶緒《あんけいしょ》、李俶に片想いする雲南王《うんなんおう》の娘・独孤靖瑶《どっこせいよう》らがこれを阻《はば》む。果たして2人は再会できるのか？　そして珍珠が想い続けていた初恋の人の正体とは？

傾国《けいこく》の美女とされる楊貴妃を発端とする安史《あんし》の乱で、行方不明となった唐の9代代宗《だいそう》の最愛の妃・沈氏をヒロインに描く大河ロマンス。ヒロインを演じたジン・ティエンは、本作で国劇盛典の人気女優賞を受賞し、李俶を演じたアレン・レンもブレイク。時代に引き裂かれながら相手を想い続ける姿は、中国版ロミオとジュリエットとして女性ファンを虜《とりこ》にした。

監督は、長年チャン・イーモウの助監督を務めたリウ・グオナンで、スタッフの多くがチャン・イーモウのもとで学んだドリーム・チーム。通常ならキャストに最も多くの経費がかかるところ、総製作費約43億円の大半を美術や衣装、小道具に費やし映画並みのクオリティーを実現。さらに『**武則天―The Empress―**』で衣装デザインを手がけたホウ・ユンイー、映画『**上海グランド**』の撮影監督プーン・ハンサンが加わり、約5ヵ月にわたって大規模な戦闘シーンから宮廷闘争までが同時撮影された。

また、日本の音楽ユニットS.E.N.SによるコンポーザーチームS.E.N.S.Projectが音楽を担当している。S.E.N.S.Projectは中国でも評価が高く、『**三国志～司馬懿 軍師連盟～**』や『**笑傲江湖《しょうごうこうこ》レジェンド・オブ・スウォーズマン**』でも音楽を担当した。

大明皇妃《だいみんこうひ》 —Empress of the Ming—

国難に立ち向かい明の最盛期を支えた孫皇后

原題：大明風華
製作年：2019年
話数：全62話
監督・脚本：チャン・ティン

激動の時代を生き親の仇に嫁いだヒロインの一代記

甥《おい》の建文帝《けんぶんてい》から帝位を奪い、明の3代永楽帝《えいらくてい》となった朱棣《しゅてい》。一連の「靖難《せいなん》の役」によって8歳で両親を失なった孫若微《そんじゃくび》は、わずか4歳の妹・蔓茵《まんいん》とも生き別れ、建文帝の重臣であった孫《そん》愚《ぐ》の養女として育つ。一方の蔓茵は、永楽帝の長子・朱高熾《しゅこうし》と皇孫の朱瞻基《しゅせんき》に助けられ、宮中の胡尚儀《こしょうぎ》のもとで胡善祥《こぜんしょう》と名を変えて育てられる。

18歳になった若微は、生き残った建文帝を擁する反乱軍の一員となり、永楽帝暗殺のために仲間の徐浜《じょひん》らと上京する。しかし、都で出会った朱瞻基に阻まれ、計画は失敗する。捕らえられた仲間を救うために朱瞻基に近づく若微だが、瞻基もまた若微から反乱軍の手がかりを掴もうとしていた。互いに利用しあいながらも、行動をともにするうちに接近していく2人。

そんなとき、若微は生き別れた妹の蔓茵と再会を果たす。胡善祥となった蔓茵も、復讐のために宮中での出世を目指し、瞻基の正妃の座を巡って若微と争うことになる。

やがて、善祥が皇太子妃に選ばれ、若微は側室となる。しかし、瞻基が真に愛しているのは若微であった。陰謀渦巻く宮中で、国を守るために瞻基を支える決心をした若微。２人の姉妹の争いは、お互いの子を次期皇帝にするための後継者争いにまで発展していく。

５代宣徳帝《せんとくてい》の正妃で、２代建文帝から８代天順帝《てんじゅんてい》まで、じつに７代６人の明皇帝に関わった孝恭章《こうきょうしょう》皇后・孫氏をモデルとした一代記。「土木《どぼく》の変」や「奪門《だつもん》の変」といった政変で、存在感を示したキングメーカーの波乱の生涯と、明が最も繁栄し、揺れ動いた時代を描く。

ヒロインの孫若微を演じるのは、アン・リー監督の映画『**ラスト・コーション**』で鮮烈なデビューを飾ったタン・ウェイ。２００７年以降は映画を中心に活動し、じつに12年ぶりのドラマ出演で初の時代劇主演。堂々とした演技で、孫皇后の生涯を演じきった。

宣徳帝となる朱瞻基役には、２００９年のドラマ『**孫子兵法**』に主演したジュー・ヤーウェンで、タン・ウェイとの息もぴったり。さらに、胡善祥をミステリードラマ『**Burning Ice〈バーニング・アイス〉―無証之罪―**』のドン・ジアジアが演じ、野心のためには姉をも追い落とす妹を好演。また、韓国のボーイズグループＥＸＯのレイが、本名のチャン・イーシン名義で参加。若微の子でのちに６代正統帝《せいとうてい》（８代天順帝）となる朱祁鎮《しゅきちん》を演じている。

総制作費は約１００億円にもなり、３万平米に及ぶアジア最大級のセットに紫禁城を再現。脚本も手がけたチャン・ティン監督のこだわりにより、スケールの大きな作品となっている。

宮廷《きゅうてい》の諍《いさか》い女《め》

陰謀渦巻く宮中でのしあがった皇妃の生き様

原題：後宮甄嬛傳
製作年：2011年
話数：全76話
監督：ジョン・シャオロン

中国版「大奥」とも呼ばれる皇妃たちの水面下の争い

清の4代康熙帝《こうきてい》の跡目を巡って9人の皇子たちが争った「九王奪嫡《きゅうおうだっちゃく》」の末、次の皇帝に選ばれたのは4男の胤禛《いんしん》だった。5代雍正帝《ようせいてい》となった胤禛は、父の進めた清の統治を完成させる。その頃、後宮では最愛の純元《じゅんげん》皇后の死後、その庶妹が新たな皇后にたてられた。新皇后と、雍正帝の寵愛を受ける華妃《かひ》との間で、熾烈な主導権争いが行なわれていた。

そんななか、漢民族出身の甄嬛《しんけい》が、雍正帝のお妃候補の秀女に選ばれて後宮に入る。さっそく華妃から嫌がらせを受けた甄嬛は、後宮の恐ろしさを肌で感じ、病を理由に引きこもる。しかし、亡き純元皇后に似ていることから雍正帝に気に入られ、「嬛嬛《けいけい》」と呼ばれて寵愛を受ける。その一方で、皇弟である果郡王《かぐんおう》にも安らぎを感じてしまう。

一緒に後宮に入った幼なじみの沈眉荘《しんびそう》や、甄嬛を姉と慕う安陵容《あんりょうよう》らと励ましあいながら、華妃の圧力に立ち向かう甄嬛。だが、今度は雍正帝の寵愛を危惧した皇后からも狙われる。皇后の策略により出家させられた甄嬛だったが、果郡王が殺されたと聞いて復讐を決意。母を亡くした第4皇子・弘暦《こうれき》の代理母となって、再び後宮に返り咲き皇后との対決に挑む。

原作はリュウ・リエンズーによるウェブ小説『后宮・甄嬛伝』。架空の宮廷絵巻を清の雍正帝の時代に置き換え、乾隆帝《けんりゅうてい》の生母である孝聖憲《こうせいけん》皇后をヒロインのモデルとする。温和に見えた人物が、じつは裏で暗躍しているなど、後宮の后妃たちの争いは陰湿で凄惨。そんな女同士の争いのなか、たくましく成長し反撃に転じるヒロインが、痛快でもありまた恐ろしくもある。

主演は、その後も数々の時代劇で主演を飾る人気女優スン・リー。ヒロインを執拗に狙う皇后には香港のベテラン女優エイダ・チョイが扮し、女同士の水面下の戦いは迫力満点。

放送終了後の2012年には、国劇盛典の最多7部門で最優秀賞を受賞するなど、数々のドラマ大賞を獲得。清を舞台とした宮廷ドラマのなかでも傑作との呼び声が高い。男性では、名優チェン・ジェンビンが雍正帝となってヒロインを支える。果郡王役のリー・トンシュエは、本作で注目を集め主役級に成長した。

如懿伝《にょいでん》
—紫禁城《しきんじょう》に散《ち》る宿命《しゅくめい》の王妃《おうひ》—

陰謀渦巻く後宮で気高く生きた皇妃の悲劇

原題：如懿傳
製作年：2018年
話数：全87話
監督：ワン・ジュン

乾隆帝の継室となりながら廃された嫻妃の謎

清の5代雍正帝の皇子・弘暦は、幼なじみの青桜《せいおう》と相思相愛。弘暦の妃を選ぶ「福晋《ふくしん》選び」でも、正妃である嫡福晋に選ばれる。しかし、青桜の叔母で雍正帝の皇后であった烏拉那拉《ウラナラ》氏が失脚すると、雍正帝は青桜との婚姻に反対。弘暦は仕方なく富察《フチャ》氏の琅嬅《ろうか》を嫡福晋とし、青桜を側室として迎え、生涯愛することを誓う如意結びを贈る。

やがて、弘暦は6代乾隆帝となり、富察氏が皇后となる。一方の青桜は如懿と名づけられるも、乾隆帝の母である皇太后・鈕祜禄《ニオフル》氏に疎《うと》まれ、乾隆帝に近づくこともできない。乾隆帝はなにかと如懿を気遣うが、それに嫉妬した后妃たちから嫌がらせを受ける。

表向きは貞淑な皇后を演じる富察皇后は、皇帝の愛が自分にないことを知り、とりまきの慧《けい》貴妃《きひ》や嘉貴人《かきじん》に如懿を執拗に攻撃させる。迫害は如懿と親しい海蘭《はいらん》にまで及び、如懿は持ち前の知恵と機転を働かせて跳ね返すも、ついに皇子殺しの濡れ衣を着せられ冷宮送りとなる。

やがて、海蘭と乾隆帝の助けによって復活を果たした如懿は、富察氏が亡くなると新たな皇后に立てられる。しかし、固い絆で結ばれていた乾隆帝と如懿の愛は、新たな寵姫・衛嬿婉《えいえんえん》の出現により再び危機を迎える。心変わりした乾隆帝に対し、如懿はある決断をくだす。

中国で人気の女流作家リュウ・リエンズーによる『后宮・如懿伝』のドラマ化。『**宮廷の諍い女**』の原作『后宮・甄嬛伝』の続編にあたるものの、設定はまったく違う別の作品となっている。とはいえ、原作者自身が脚本を手がけ、カメオ出演までしている正統派の宮廷時代劇。女性だけの世界にある陰湿ないじめや裏切り、それに対する爽快な逆転劇は健在。

舞台出身で、浅田次郎《あさだじろう》原作の日中合作ドラマ『**蒼穹の昴**《そうきゅうのすばる》』を手がけたワン・ジュン監督が演出し、総製作費は約96億円。物語の主要な舞台はすべて実際にセットを建設し、リアリティーと美しさを兼ね備えたドラマとして、インターネット視聴回数は165億回を記録した。

主演は中国4大女優にも数えられ、ハリウッド映画にも出演するジョウ・シュン。乾隆帝を演じるのは、時代劇の名優ウォレス・フォ。裏表の激しい皇后役のドン・ジエや、チャン・チュンニンなど、後宮の美女たちの競演も注目。なかでも、1988年のアカデミー賞映画『**ラストエンペラー**』で、宣統帝《せんとうてい》の2人の皇妃を演じたヴィヴィアン・ウーとジョアン・チェンが共演。雍正帝の后妃である烏拉那拉氏、鈕祜禄氏として対立する。このヴィヴィアン・ウー演じる鈕祜禄氏が、『**宮廷の諍い女**』のヒロイン甄嬛の晩年の姿ということになる。

Column

歴史に名を残した名裁判官や烈女たち

包拯《ほうじょう》は、中国では知らない人がいない民衆のヒーローである。地方で判事を歴任し、賄賂《わいろ》が横行する時代に清貧を貫き、物語や京劇の題材となった。日本ではあまり知られていないが、日本の名裁判官である大岡越前《おおおかえちぜん》のエピソードにも、包拯の故事をもとにしたものがある。包青天《ほうせいてん》とも呼ばれ、現代でも推理時代劇や武俠《ぶきょう》ドラマなどの題材とされる。さらに、明《みん》の永楽帝《えいらくてい》に仕え「鉄面御史《てつめんぎょし》」と呼ばれた周新《しゅうしん》、唐《とう》の武《ぶ》則天《そくてん》に仕えた狄仁傑《てきじんけつ》が3大名裁判官といえるだろう。それぞれミステリー時代劇の主役となっている。

中国では、正史にも「列女伝」が収録され、母や妻として模範的な女性、または悪女や淫女などが記録された。男性優位社会のなかで、女性の記録が残されただけでも貴重だ。近年は、そんな男性社会にあって、美しさだけでなく、才覚で名を残した女性たちを主人公としたドラマも制作されている。『後宮の涙』は、南北朝時代に実在した陸令萱《りくれいけん》をモデルにしている。北斉《ほくせい》で蘭陵王《らんりょうおう》を自殺に追い込んだ後主《こうしゅ》の乳母として権勢をふるったとして伝わる。ドラマでは最下層の女官から成り上がるサクセスと復讐の物語だ。『月に咲く花の如く』の周瑩《しゅうえい》も、清《しん》代末期の実在の女商人である。17歳で大商人の呉《ご》家に嫁ぐも、間もなく夫が病死してしまい、呉家の女当主となって商売で成功をおさめた。天災の際には、被災地を無償支援し、西安《せいあん》に逃れた西太后《せいたいごう》を支援し、一品誥命《いっぽんこうめい》夫人に処されている。

Ⅱ

サクッとわかる中国4000年の王朝史

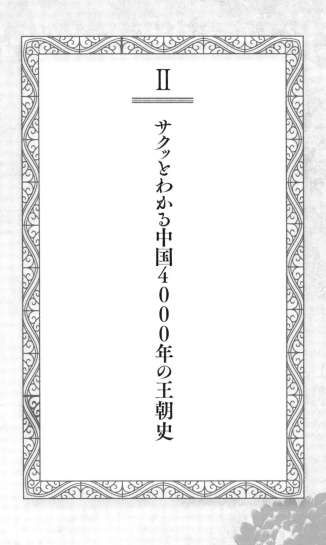

三代（夏・殷・西周）

紀元前約2000……紀元前771

中国で理想の時代とされる3つの古代王朝

神話の時代から人の時代への移り変わり

考古学的に見れば、遺跡等の発見により、紀元前5000年頃には、すでに中国の黄河と長江流域で文明が誕生したと考えられる。黄河文明はかつては四大文明に数えられたが、現在は長江文明、北の遼河《りょうが》文明も加え、まとめて中国文明と呼ばれている。

一方、中国の史書では、三皇五帝《さんこうごてい》という古代神話から中国の歴史をスタートさせる。三皇は天皇・地皇・人皇（泰皇）という3柱の神である。史書によって違いもあるが、八卦《はっけ》と文字を発明した伏羲《ふっき》、医薬と農業を司る神農《しんのう》、伏羲の妻（妹とも）の女媧《じょか》があてられる。五帝は、黄帝《こうてい》、顓頊《せんぎょく》、帝嚳《ていこく》、堯《ぎょう》、舜《しゅん》の5名で、いずれも偉大な業績を残した聖人である。とりわけ黄帝は、中国の民族すべての祖とされ、民族団結の象徴とされる。

五帝の最後となる舜は、治水事業に功績のあった禹《う》を後継者に指名した。禹は何度も断り、舜の息子を後継者にしようとしたが、他の有力者たちが禹を支持したことから王位に就いた。

この禹が開いたのが、中国最古の王朝とされる「夏《か》」である。

禹が死去すると、有力者たちが禹の息子の啓《けい》を新王に推戴《すいたい》したため、夏では世襲が続いていく。夏は17代約450年続いたというが、成立の経緯が神話的で、実在した王朝とは認められていない。しかし、河南《かなん》省洛陽《らくよう》市の郊外にある二里頭《にりとう》遺跡は、紀元前19世紀〜16世紀のものとされ、その宮殿跡は夏王朝のものではないかとも考えられている。

夏の最後の王となった桀《けつ》は暴君で、有力豪族の湯《とう》によって追放された。この湯が開いたのが「殷《いん》」で、実在が確認できる中国最古の王朝である。1899年に、亀や獣の甲骨に刻まれた古代文字が発見され、殷の時代の文字だと考えられた。そこで1928年より発掘調査が行われ、河南省安陽《あんよう》市で大規模な宮殿や住居跡、大量の甲骨が発見された。この遺跡は殷墟《いんきょ》と呼ばれ、紀元前11世紀頃の殷後期の都の跡地と認められた。現在は、世界遺産にも登録されている。

殷は世襲ではなく、10の氏族による合議制で代々続いたとされる。王の選出から農業、祭祀などを占いによって決定する祭政一致の国で、王は祭祀を司る神官でもあった。甲骨文字が大量に発見されるのは、その占いに使用していたためである。

殷は30代約600年続いたとされるが、30代紂王《ちゅうおう》は暴君だった。そのため、紀元前1046年に、西方の周《しゅう》を治めていた姫《き》氏の武王《ぶおう》による反乱で討伐される。これは中国初の武力による王朝交代で「革命」と呼ばれ、のちの王朝交代の大義名分となる。ちなみに、中国では殷のことを「商《しょう》」と呼び、滅亡した商の民が交易などで生計をたてたことが、商人の語源とされる。

孔子が理想の国と考えた周王朝

姫氏の建てた「周」は、本拠地である鎬京《こうけい》(現在の陝西《せんせい》省西安《せいあん》市)を都とした。とはいえ、その支配領域は黄河流域を中心とした限定的な地域にすぎなかった。古代中国では、氏族ごとに「邑《ゆう》」という集落が形成され、邑は外敵の侵入を防ぐため四方を壁で囲っていた。これが、なかの大切なものを囲った「国」という象形文字の元といえる。王は邑のなかでも大きな大邑の支配者で、婚姻などにより他の邑を取り込み、族邑とすることで勢力を拡大させていた。

殷までの王は邑制国家の集合体のリーダーという位置づけだったが、周は王が諸侯に土地を与え、代わりに軍事力の提供を求める封建国家へと制度を変えた。諸侯の多くは王の一族であり、臣下も婚姻などによる関係強化をはかった。こうした宗族支配が周の特徴といえる。

この封建制度を推し進めたのが、武王の弟の周公旦《しゅうこうたん》である。武王亡き後、幼帝を補佐した周公旦は、周の反対勢力を鎮圧すると、その支配地を一族の諸侯に与え、さらに東南に勢力を拡大していった。自身も成周《せいしゅう》(現在の河南省洛陽市)を治め、のちに洛邑《らくゆう》と呼ばれる。

夏から殷、そして周は、中国では三代と呼ばれる。いずれも黄河流域で成立した国であり、黄河流域一帯は「中原《ちゅうげん》」と呼ばれ、中国社会の中心地となっていく。のちに儒教を創始する孔《こう》

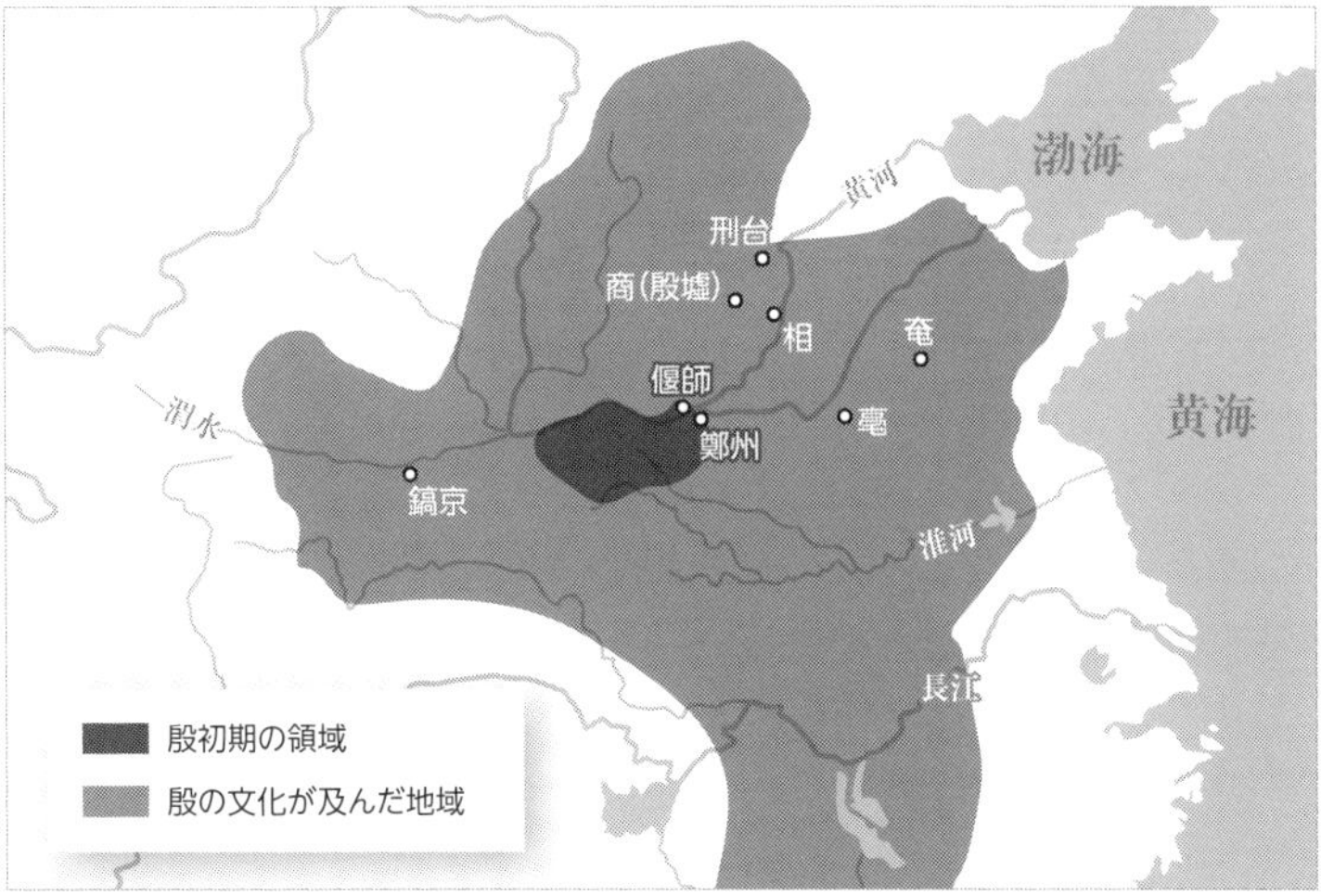

■殷の領土

子《し》は、三代のなかでも周公旦により治世が安定した周の時代を理想とした。

しかし、周王朝も代を重ねるうちに暴君などが現れ衰退していく。諸侯との結束力も弱まり、10代厲王《れいおう》は反乱により都を追われてしまう。王の留守中に重臣たちが「共に和して」政務を継続したことが、現在の「共和政」という言葉の由来となったとされている(※諸説あり)。

その後、王位は復活したが、12代幽王《ゆうおう》が褒姒《ほうじ》という美女を寵愛したため、正妃の申《しん》氏の一族の反乱により殺害される。幽王は、褒姒を喜ばせるために緊急時の烽火《ほうか》を上げて諸侯を集めては帰すということをくり返していたため、実際の反乱で兵が集まらなかったという逸話が残る。滅亡した周は東の洛邑で再興し、それまでの周を「西周《せいしゅう》」、以後を「東周《とうしゅう》」として命脈を保った。

春秋戦国時代

紀元前770……紀元前221

覇者の登場と群雄割拠する乱世からの統一

小国が乱立して勝手に王を名乗った春秋時代

東に移った周はその後も存続するが、支配領域は洛邑周辺の地域に限定された。各地の諸侯は、それぞれが独立して勝手に統治を行ない、勢力を争うようになる。

さらに長江流域で興《おこ》った楚《そ》が、強大化していた。周の支配の及ばなかった楚は、勝手に王を名乗って中原を脅かす。本来、王の呼称は周王にのみ許されたもので、楚による王の僭称《せんしょう》は許されないものだった。しかし、周に楚と対抗する力はなく、有力な諸侯を「覇者」と認め、その軍事力を頼った。衰えたとはいえ周の権威はまだ残されており、覇者は諸侯が集まる会盟を主宰し、周の権威を背景に諸侯に号令をかけることができた。

この覇者によって周が命脈を保った東周時代を、春秋《しゅんじゅう》時代という。春秋の名は、独立勢力のひとつとなった魯《ろ》国の臣下で、儒教を創始した孔子《こうし》の著書『春秋』に由来する。覇者は年代によって変わるが、なかでも次々と強大な力を持った5人の覇者を「春秋五覇《しゅんじゅうごは》」という。五覇の筆頭となるのが「斉《せい》」の桓公《かんこう》である。斉は周王朝の建国の功臣であった太公望《たいこうぼう》が封じられた国で、その子孫にあたる桓公は、管仲《かんちゅう》という軍師を抜擢《ばってき》して国力を高めて楚に対抗した。

次に西の辺境の「秦《しん》」の穆公《ぼくこう》が覇者となる。続いて覇者となった「宋《そう》」の襄公《じょうこう》は、楚との戦いで敵が河を渡っているところを攻撃せず大敗を喫し、その時の怪我がもとで亡くなっている。このため、いらぬ情けで自分の不利を招くことを「宋襄《そうじょう》の仁《じん》」というようになった。「晋《しん》」の文《ぶん》公《こう》は、重耳《ちょうじ》という名であったが、父が驪姫《りき》という愛妾との間に生まれた子を世継ぎとしようとしたため、国内の内紛を避けて19年間放浪した。やがて、秦の穆公の援助を受けて国に戻ると、東周の襄王《じょうおう》を助け、侵攻してきた楚を打ち破って覇者となった。

しかし、その後は諸侯から覇者が現れず、「楚」の荘王《そうおう》が覇者となる。荘王は、周の王の証ともいえる九鼎《きゅうてい》の重さを使者に問い、反論されるなど周への忠誠心は薄かった。しかし、その権威は覇者に匹敵するものとされ、周の権威はますます衰えた。

ただ、確実に五覇に数えられるのは斉の桓公と晋の文公だけで、別の人物を覇者とする書もある。『荀子《じゅんし》』では、紀元前6世紀頃に長江流域で隆盛した呉王闔閭《ごおうこうりょ》と越王勾践《えつおうこうせん》を入れている。

戦国七雄による拮抗と諸子百家の遊説

春秋時代に100ヵ国以上にのぼった諸侯の勢力は、やがて7ヵ国に集約される。紀元前4

03年、強国の晋は「韓《かん》」、「魏《ぎ》」、「趙《ちょう》」の3つに分裂。これに西の「秦」、東の「斉」、北の「燕《えん》」、南で呉越を降した「楚」を加えた7ヵ国を「戦国七雄」という。この7ヵ国が拮抗《きっこう》した時代を、春秋時代に続く戦国時代と呼ぶ。名の由来は、のちの漢《かん》代の学者・劉向《りゅうきょう》が、この時代の国策や人物エピソードなどをまとめた書『戦国策』を編纂《へんさん》したことからきている。春秋時代と戦国時代は境目があいまいなため、春秋戦国時代とまとめられることもある。

東周はまだ存続していたが、すでに権威は失墜し、諸侯も勝手に王を名乗るようになっていた。魯や宋なども小国として残っていたが、やがて七雄に併呑《へいどん》されていく。

この時代は鉄器生産が活発化し、武器として戦場で活躍しただけでなく、農具としても利用され生産力が増大した。各国は勢力拡大のために富国強兵を目指し互いに争った。そうしたなかで、有能な人材であれば、身分の上下や出自を問わずに出世できるようになる。

孔子の創設した儒教は、統治の理想論として一大学派に成長し、儒教の徒は儒家《じゅか》と呼ばれた。一方で、縦横家《じゅうおうか》や兵家《へいか》、法家《ほうか》など、実践的な政略と軍事の専門家も活躍した。

春秋時代の孫子《そんし》と並ぶ兵家の呉起《ごき》は、魯の将軍であったが魏に仕え、魏を強国に押し上げた。のちに政争に敗れて楚に鞍替えしたが、そこでも重用されている。

斉では各地の学者を、都の西にある稷門《しょくもん》の近くに住まわせた。陰陽家の鄒衍《すうえん》、性悪説を唱えた儒家の荀子、兵家の孫臏《そんぴん》らが集められ、彼らは稷下《しょくか》の学士《がくし》と呼ばれた。

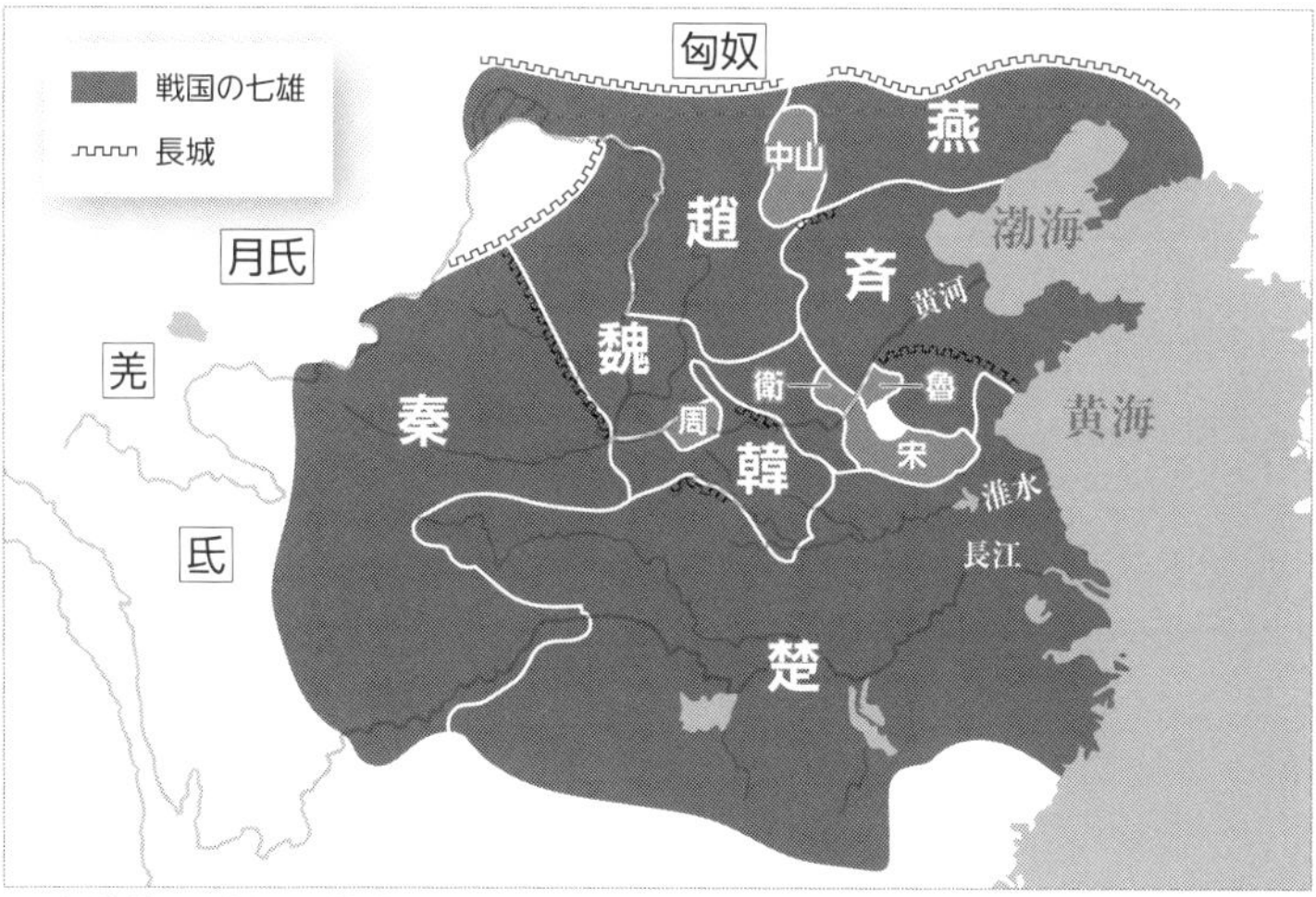

■春秋戦国時代の勢力図

その他、斉の孟嘗君《もうしょうくん》、趙の平原君《へいげんくん》、魏の信陵《しんりょう》君《くん》、楚の春申君《しゅんしんくん》は、常時3000人近い食客を抱えていた。彼らは必要な人材を、適宜に王に推薦し「戦国四君《せんごくしくん》」と呼ばれる。

戦国時代後半に入ると、中原から西の辺境とみなされていた秦が強大化する。秦は法家の商《しょう》鞅《おう》を抜擢して国力を増強した。秦以外の6ヵ国は、互いに同盟して秦に対抗する「合従《がっしょう》」策をとった。これに対し秦は、個別に秦と同盟して安全を保障する「連衡《れんこう》」策で切り崩しにかかる。

紀元前256年、秦の昭襄王《しょうじょうおう》によって周王朝が滅亡すると、秦の威勢はさらに高まる。そして紀元前221年、昭襄王のひ孫にあたる秦王政《せい》によって、6国はすべて滅ぼされた。約500年間も続いた乱世はついに終結し、秦という巨大帝国が出現したのである。

秦

紀元前221……紀元前206

一代で中華帝国の基礎を築いた果断な皇帝

後世につながる偉大な業績と悪評

春秋戦国時代を制した秦は、それまでの各国が拡大した領土を含め、広大な版図《はんと》を獲得した。さらに長江の南の珠江《しゅこう》を越え、北ベトナムまでを支配下に収めている。北方では武将の蒙恬《もうてん》を派遣し、匈奴《きょうど》対策のために設けていた城壁をつなぎ「万里の長城」を築いた。この万里の長城は、現在のものよりもさらに北にあったとされるが、現在は失われている。

秦王政は、自身の称号を皇帝とした。皇帝とは、「煌煌たる上帝」の意で、王よりも偉大な存在であることを示す。英語で中国を意味するＣＨＩＮＡ（チャイナ）は、秦が語源となっており、史上初の皇帝となった秦王政は、秦始皇帝《しこうてい》と呼ばれる。

秦の基本政策は、法家思想に基づく信賞必罰政治にあった。氏族と姻戚関係に根ざした封建制度は解体され、皇帝のもとで官僚が行政を担う中央集権体制が築かれる。始皇帝は、全国を36（のちに48）の郡に分ける郡県制を敷き、すべての土地を皇帝の直轄地とした。地方の郡には

「守《しゅ》」、郡を小分けした県には「令《れい》」という行政官を派遣。さらに地方軍を「尉《い》」が指揮することで政治と軍事を分離し、「監《かん》」という監察官が置かれた。

皇帝の権力が強化されると、様々な改革が行なわれる。民間の武器を取り上げ、各地の城壁も取り除かれた。各国でバラバラだった度量衡(長さや重さの単位)も統一し、使用される貨幣も半両銭に一本化される。荷車の車軸の幅を統一したことで、荷車が通るのに必要な道幅が確定した。交通網が整備されたことにより、東西南北の往来は活発化し、有事での軍の迅速な行動も可能になる。各地に巡幸《じゅんこう》する皇帝専用の道路、「馳道《ちどう》」も敷設されている。

さらに、使用される文字も統一した。それまでは、同じ意味を持つ文字がいくつもあったが、皇帝が使用する隷書《れいしょ》(秦隷)が基本書体と定められた。民間では、さらに簡略化した隷書が用いられるようになっていく。こうした統一事業により、同じ文字、同じ金銭が流通し、同じ価値観を持った漢族による単一文化圏が形成されていく。

一方、果断な業績の影で、壮大な宮殿「阿房宮《あぼうきゅう》」や「始皇帝陵」の建設など、大規模工事も進められた。度重なる公共工事は、過酷な重役や税負担となって民にのしかかった。さらに、医学、農学、占星学、秦の歴史書などを除き、秦に不都合なことが記された書物を焼き捨てる「焚書《ふんしょ》」と、儒者を生き埋めにする「坑儒《こうじゅ》」を行なった。ただし、「坑儒」のほうは、民や皇帝をだました道士や方士を処刑したことが、儒家の虐殺に置き換えられたともいわれる。

どちらにせよ、晩年の始皇帝は不老不死を目指して水銀を服用するなど、怪しい神仙思想にとりつかれた。そして、4度目の巡行中に病に倒れ49歳で亡くなった。

始皇帝崩御のあとの混乱と終焉

始皇帝の死後、末子の胡亥《こがい》が二世皇帝として即位する。始皇帝は臨終の際に、長子の扶蘇《ふそ》を後継者とする遺言を残していた。ところが、宦官《かんがん》の趙高《ちょうこう》がこれを握り潰し、丞相《じょうしょう》の李斯《りし》と謀って、暗愚で扱いやすい胡亥を傀儡《かいらい》の皇帝に仕立てたのである。

二世皇帝が即位すると、北で蒙恬と匈奴にあたっていた扶蘇をはじめ、始皇帝のその他の子は趙高によって殺された。やがては李斯も処刑され、秦の実権は趙高が握る。

しかし、始皇帝が死んだことにより、それまでの急激な改革の反動が噴出する。二世皇帝が即位した紀元前209年、中国史上初の農民反乱が起きる。徴兵された農民を護送中の陳勝《ちんしょう》が、仲間の呉広《ごこう》とともに反乱の兵を挙げたのだ。この陳勝・呉広の乱は、数十万に膨れ上がったが、最終的には鎮圧される。ただ、陳勝による「王侯将相《おうこうしょうしょう》いずくんぞ種《しゅ》あらんや（王侯や大臣になるのに出自は関係ない）」という言葉は、各地での反乱を誘発した。

なかでも、項羽《こうう》の率いる楚軍が他の反乱軍を糾合《きゅうごう》し、大勢力となって都の咸陽《かんよう》に迫った。趙高は二世皇帝に真実を伝えず、反乱軍と対峙《たいじ》する秦軍にも援軍を送らなかった。やがて秦軍か

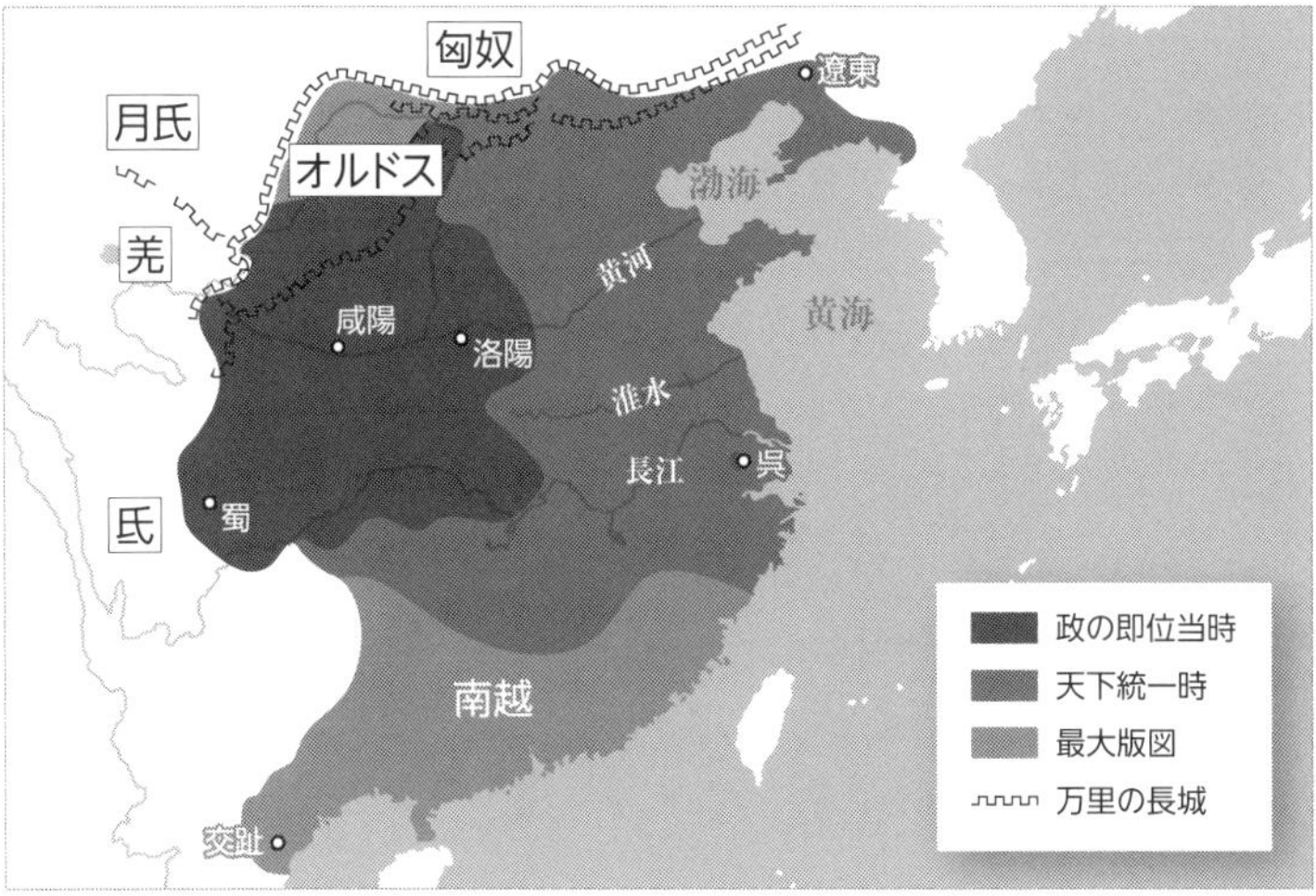

■秦王朝の領土

らも寝返りが相次いで反乱軍が迫ると、趙高は二世皇帝を排除しようと考える。

趙高は皇帝に鹿を献上し、「馬」と主張した。そこで皇帝が「鹿だろう？」と周囲に問いかけると、「鹿」と答えたものを粛清して他の群臣たちを威圧した。この「指鹿為馬（鹿を指して馬となす）」の故事は、馬鹿の語源になったともいわれている。趙高は反対者を取り除いて味方を増やしたところで、二世皇帝を自殺に追い込み、皇族の子嬰《しえい》を擁立した。

しかし、子嬰は事態を悪化させた趙高を処刑し、自らは三世皇帝ではなく秦王に即位した。やがて反乱軍の劉邦《りゅうほう》に降伏して許されたが、その後に入城した項羽《こうう》によって一族もろとも処刑された。始皇帝の中国統一からわずか15年で、秦は滅亡を迎えたのである。

漢

紀元前202……紀元220

中国文化の風土を確立させた長期王朝

劉邦が興し武帝で最盛期を迎えた前漢

秦の滅亡後、項羽と劉邦による楚漢戦争が行なわれ、紀元前２０２年の「垓下《がいか》の戦い」で項羽を降した劉邦が、新たな皇帝に推戴され「漢」を興す。漢とは、劉邦が封じられていた漢中王《かんちゅうおう》にちなんだものだ。中華民族を示す漢民族、中華圏に暮らす人々を意味する漢人、文字の漢字や漢語、伝統衣装の漢服など、中国を意味する言葉の多くが、漢を由来としている。

劉邦は漢の初代皇帝となったが、統治に関しては秦のやり方を受け継いだ。秦が定めた統一基準は、漢代にも使用されたことで定着したといえる。領地は、当初は楚漢戦争で協力した諸侯を各地の王に封じていた。しかし、気前良く領地を分配した結果、諸侯の領地が劉邦の直轄地を上回ってしまう。そこで諸侯に謀反の罪を着せて粛清し、自分の一族に置き換えていった。

劉邦が崩御すると、皇后である呂后《りょこう》の一族が実権を握り、劉邦の遺児たちは粛清された。しかし、呂后が没すると臣下の手で再び劉氏の手に戻される。5代文帝《ぶんてい》と6代景帝《けいてい》は、「文景《ぶんけい》の治《ち》」と呼ばれる善政を行なって安定期を築いた。景帝の時代には「呉楚七国《ごそしちこく》の乱」と呼ばれる大規模反乱が起きたが、これが鎮圧されると諸侯王の力は大きく削られ、中央集権化が進む。

7代武帝《ぶてい》は、さらに権力集中を強化し、全国を13州に分けた。中央から派遣される刺史《しし》が、州長官となって郡を統括し、地方豪族の動向を監視した。武帝は積極的な外征を行ない、西域《せいいき》と呼ばれるタリム盆地一体を支配下に置き、のちにシルクロードと呼ばれる交易路の基礎を築いた。また、ベトナムや朝鮮半島にも進出して郡を置いている。

さらに武帝は儒教を推進し、儒教を学ぶための「太学《たいがく》」を設置した。儒教の発展に伴い、儒教における天子(天命を受けた地上の支配者)と、皇帝(人々が認める地上の統治者)のすりあわせが行なわれた。また、天子が治める中華が、東夷《とうい》、西戎《せいじゅう》、北狄《ほくてき》、南蛮《なんばん》といった周囲の野蛮な民族を教化し、取り込んでいくという「華夷《かい》思想」も生まれている。

10代宣帝《せんてい》は、この儒教を国教化し、儀礼祭祀も儒教のやり方を取り入れた。武帝の晩年の老害化による衰退をくい止めたことから、宣帝は「前漢中興の祖」とも呼ばれる。

一方、11代元帝《げんてい》は、儒教に傾倒しすぎて現実的な政策をとれずに混乱を招く。儒家と宦官の対立が激しくなり、さらに皇帝の妻の一族である外戚《がいせき》が勢力を拡大。そして紀元8年、皇室の実権を握った外戚の王莽《おうもう》は、傀儡に立てた2歳の孺子嬰《じゅしえい》から譲位という形で皇位を簒奪《さんだつ》した。王莽は「新《しん》」と国号を改め、漢は建国210年を経ていったん滅亡する。

儒家と宦官と外戚が争い群雄割拠を招いた後漢

新の王莽は、儒教で理想とされる周の時代の政治を目指す。しかし、現実離れした理想論への反発が相次ぎ、各地で反乱が起きて建国15年で滅亡。この反乱で大きな勢力となったのが緑林軍《りょくりんぐん》で、軍を率いた漢王朝の一門である劉玄《りゅうげん》が更始帝《こうしてい》に即位した。しかし、更始帝は国内をまとめることができず殺されてしまう。そこで、景帝の子孫にあたる劉秀《りゅうしゅう》が即位して光武帝《こうぶてい》となる。光武帝は、赤眉軍《せきびぐん》など反乱勢力を討伐し全国を平定した。

漢王朝は、新によって一度滅亡したため、新以前を「前漢《ぜんかん》」、光武帝以降を「後漢《ごかん》」として区別している。また、光武帝が荒廃した西の長安《ちょうあん》から東の洛陽《らくよう》に遷都《せんと》したことから、中国では前漢のことを「西漢《せいかん》」、後漢を「東漢《とうかん》」と呼んでいる。

光武帝は、奴隷の解放や戸籍の整理、税の軽減や兵の削減を行なって国力を回復させた。57年には日本に「倭奴国王《わのなのこくおう》」の金印を授けており、中国の歴史書にはじめて日本のことが記されている。後漢の2代明帝《めいてい》、3代章帝《しょうてい》も善政に努めて安定期を築いた。明帝の臣下であった班超《はんちょう》は「虎穴に入らずんば虎子を得ず」の言葉で、少ない兵力で匈奴に立ち向かい西域を回復させた。この班超の兄の班固《はんこ》と、妹の班昭《はんしょう》は、歴史書の『漢書』の編纂者となる。

しかし、その後は皇帝の夭折《ようせつ》や暗君が続き、宦官や外戚が力を握るようになった。在位が最

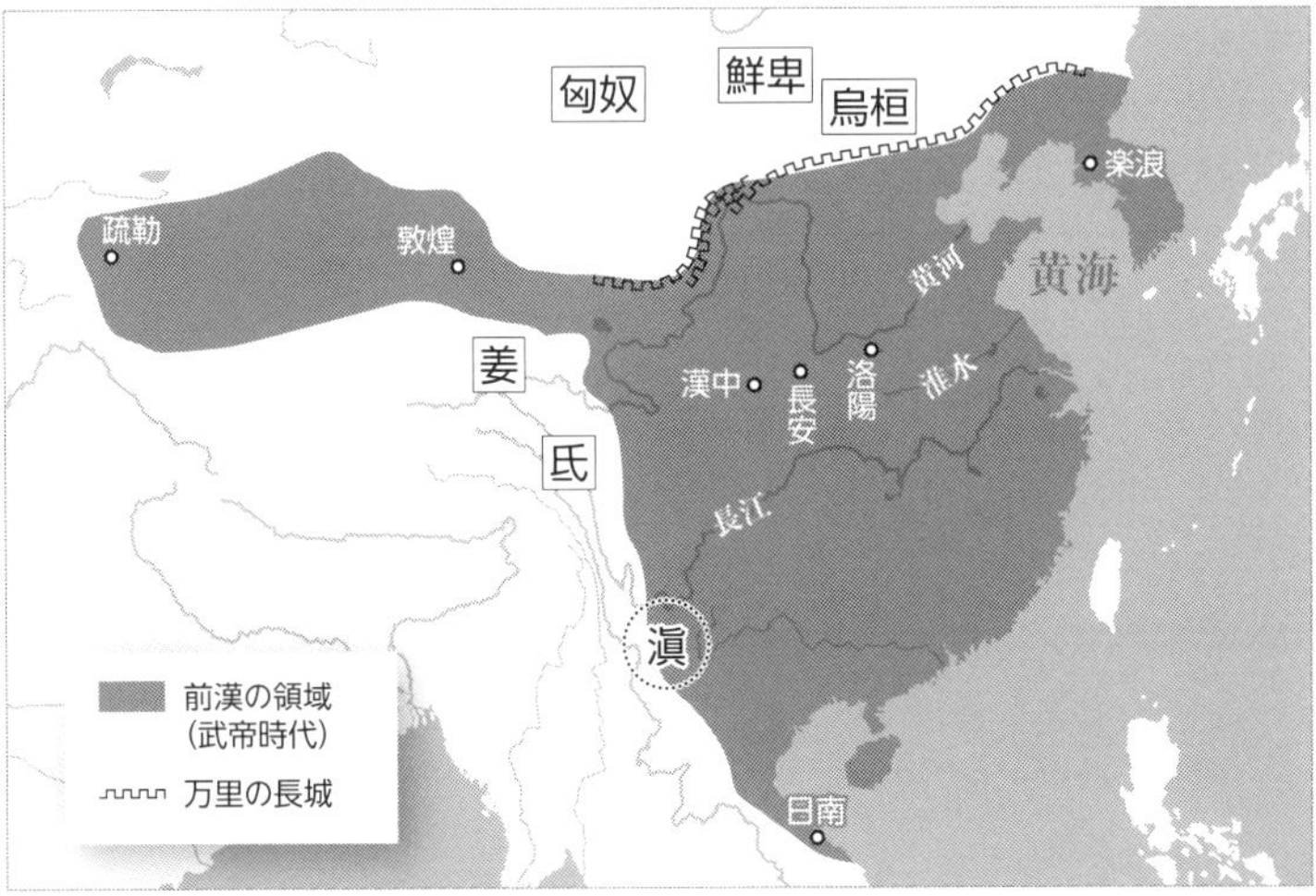

■前漢(武帝時代)の領土

も短いのは、生後１００日で即位し、７ヵ月目で死去した5代殤帝《しょうてい》である。

宦官のなかには、紙を改良して普及させた蔡《さい》倫《りん》のような優秀な人材もいたが、多くは私腹を肥やす奸臣《かんしん》であった。光武帝が推進した儒教により、「清流」と呼ばれる儒学者の一派は宦官の横行を批判したが、「濁流」と呼ばれた宦官勢力による「党錮《とうこ》の禁《きん》」で粛清・左遷された。

やがて、１８４年に起こった「黄巾《こうきん》の乱」で国内は混乱し、各地では群雄が割拠するようになる。統治力の低下した漢王朝は、まず董卓《とうたく》の専横を招き、その後は曹操《そうそう》の庇護を受けて存続した。そして紀元２２０年、最後の皇帝となる献《けん》帝《てい》が、曹操の後継者となった曹丕《そうひ》に禅譲し、太《たい》祖《そ》劉邦から約４００年続いた漢王朝は、その長い歴史に幕を閉じた。

三国時代

220……280

魏・呉・蜀の3つに分かれた勢力が拮抗

日本でも大人気の『三国志演義』の時代

後漢の滅亡後、中国が魏・呉・蜀《しょく》の三国に分裂し、晋に再統一されるまでを三国時代という。厳密には、220年に漢の献帝が魏の曹丕に禅譲を行ない、翌年に蜀が建国され、229年に呉が成立して三国鼎立《ていりつ》となる。しかし、実際にはそれ以前から3勢力は拮抗していた。

のちに書かれた『三国志演義』では、184年の黄巾の乱から始まり、群雄割拠するなかで、名門出身の袁紹《えんしょう》を倒した曹操が頭角を現し中国北部を支配する。これに対して、漢の後裔《こうえい》を名乗る劉備《りゅうび》は、中国南東部に勢力を持つ呉の孫権《そんけん》と同盟する。そして208年の「赤壁《せきへき》の戦い」で、呉が魏軍を撃退すると、その間に中国南西部に勢力を確立。呉と協力して魏に対抗することで、三すくみの状態に持ち込んだ。ただ、呉は状況に応じて魏とも手を組んだ。

やがて、220年に後漢が滅亡し、本格的な三国時代を迎える。魏の初代文帝《ぶんてい》となった曹丕は、「九品官人法《きゅうひんかんじんほう》(九品中正)」を定め、地方の有能な人材を抜擢した。しかし、地方の有力者が人材を推薦する「郷挙里選《きょうきょりせん》」をもとにしたため、有力者の一族が中央に進出する手段としても用いられる。なかでも、曹操、曹丕の代から仕えた、司馬懿《しばい》の一族が実権を握った。

蜀は、漢の正統を継ぐとして「漢」を自称した。蜀の地を本拠としたため、蜀漢とも呼ばれる。初代皇帝の劉備が亡くなると、丞相の諸葛亮《しょかつりょう》が魏と争ったが、魏への遠征中に病没する。その後は衰退の一途をたどり、魏の皇帝を傀儡とする司馬一族の司馬昭《しばしょう》（司馬懿の次男）のもとで蜀討伐が行なわれ、２６３年に滅亡した。その２年後、魏の５代元帝《げんてい》（曹奐《そうかん》）は、実権を握る司馬昭の子の司馬炎《しばえん》に譲位し魏も滅亡する。残された呉は、４代皇帝の孫皓《そんこう》が暴君だったことから政治が乱れ、司馬炎が新たに建てた晋の侵攻を受けて２８０年に滅亡した。

日本でも有名な『三国志演義』の時代は、魏を受け継いだ晋によって統一された。なお、魏の正史には、倭の国の女王・卑弥呼《ひみこ》についての記述があり、『魏志倭人伝《ぎしわじんでん》』と呼ばれている。

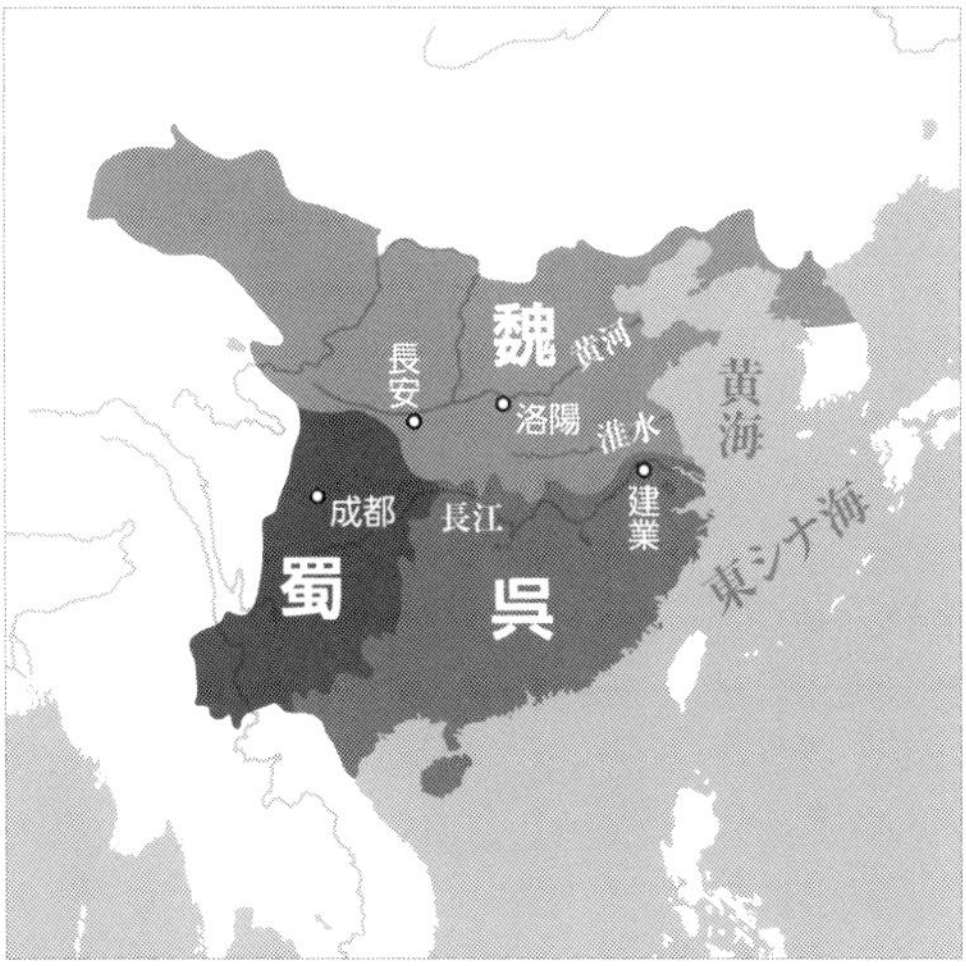

■三国時代の勢力図

晋

265……420

中国を再統一しながら崩壊し南で命脈を保つ

王族同士が争った「八王の乱」が異民族の侵入を招く

三国時代を終わらせた「晋」の国名は、魏の時代に司馬昭が晋王に封じられていたことに由来する。初代武帝《ぶてい》となった司馬炎は、一族を各地の王に封じて王権強化をはかった。また、後漢や魏の皇族を登用するなど、前王朝への配慮を見せて民心を安定させている。２８０年に呉を滅ぼすと、天下が治まったとして軍備を縮小し、占田《せんでん》・課田《かでん》法を導入して内政面を強化した。

しかし、善政を行なっていた武帝は、天下統一後、急速に堕落していく。１万人もの女性を後宮に入れ、毎日羊にひかせた車を走らせてはその日の相手を選んでいたという。

酒色に溺れた武帝が２９０年に崩御すると、皇太子が２代恵帝《けいてい》となる。しかし恵帝は、武帝が一時廃位を検討したほど暗愚で、実権は皇后の賈南風《かなんぷう》の一族が握った。この賈氏の専横に反発した司馬氏の諸王が決起して、趙王の司馬倫《しばりん》が賈皇后とその一族を粛清する。

ところが、今度は諸王の間で権力争いが始まる。この争いは主に８人の王が関わり「八王の乱」

と呼ばれる争乱に発展する。戦乱は、東海王《とうかいおう》の司馬越《しばえつ》が3代懐帝《かいてい》を擁立したことで収束するも、戦乱による荒廃に嫌気のさした知識人が隠遁《いんとん》する風潮が生まれた。

また、八王の乱で諸王が精強な北方の遊牧民に協力を求めたことから、遊牧民の南下を招く。なかでも大きな勢力を持った匈奴の劉淵《りゅうえん》は、304年に国名を「漢」として皇帝を名乗る。その息子である劉聡《りゅうそう》は中原に進出し、311年に洛陽を占拠した。懐帝は捕虜として北に送られて殺される。長安にいた懐帝の甥《おい》が4代愍帝《びんてい》に即位するも、すでに匈奴に対抗する力はなく、5年後には滅ぼされてしまった。この動乱は「永嘉《えいか》の乱」と呼ばれる。

以後、中原を含む華北一帯は北方の遊牧民が支配する。しかし、司馬懿のひ孫にあたる司馬《しば》睿《えい》が、317年に江南《こうなん》の建康《けんこう》を都として晋を再興した。司馬睿による晋は、その後100年近く存続する。このため、建国以来の晋を「西晋《せいしん》」、南に移ってからの晋を「東晋《とうしん》」と呼ぶ。

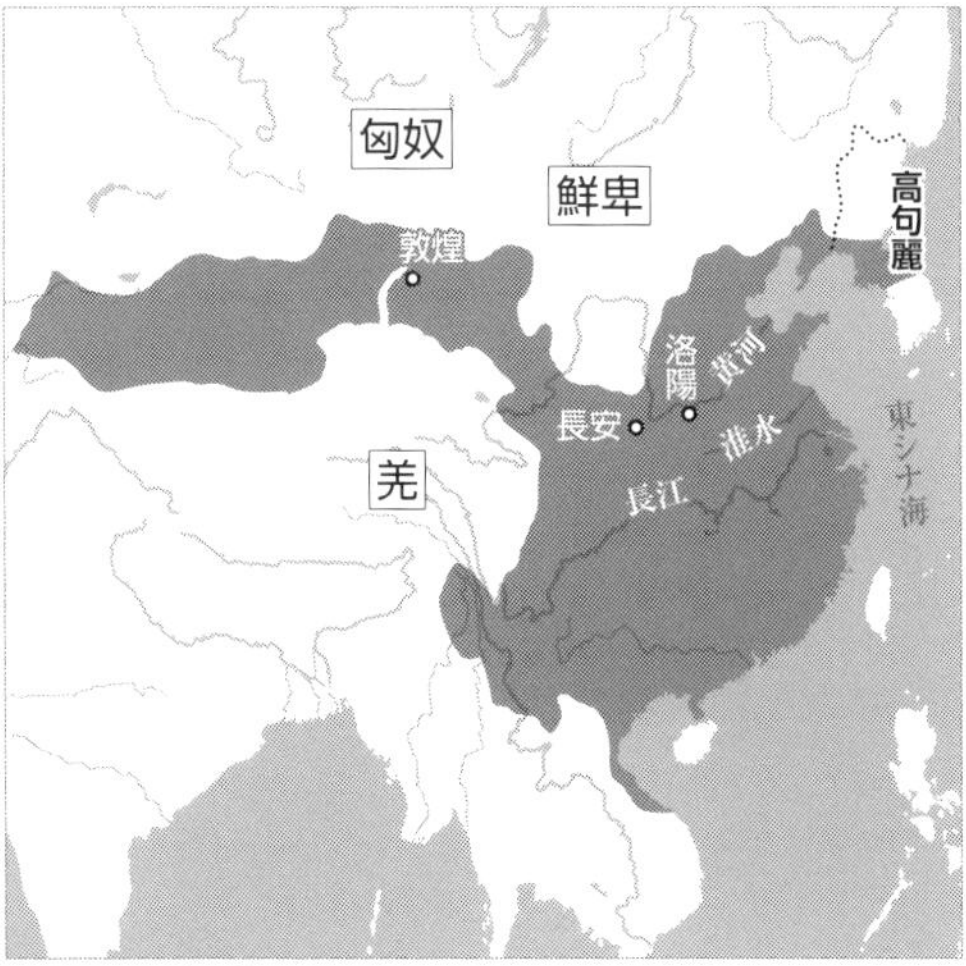

■西晋の領土

五胡十六国時代

304……439

北で異民族の王朝が乱立するなかで生き残った東晋

世界的な寒冷化が北方民族の南下を招く

南で東晋が命脈を保っていた頃、北では遊牧民による王朝が覇権を競いあった。この時代を五胡十六国《ごこじゅうろっこく》時代という。中原では、北方の遊牧民を「胡」とひとくくりに呼んでいたが、実際にはいくつもの部族に分かれていた。そのなかでも「匈奴」は、古来よりたびたび南下して中原を脅かしていた。その他、モンゴル高原に在住していた「鮮卑《せんぴ》」、匈奴から分裂した「羯《けつ》」、チベット系の遊牧民で西北に勢力を持った「氐《てい》」、青海地方を本拠地とするチベット系の「羌《きょう》」が、代表的な5つの氏族として「五胡」と呼ばれていた。

北方の遊牧民の中華進出は、すでに後漢の頃から始まっている。これは4〜5世紀にかけての地球規模の寒冷化で、北方民族が暮らしやすい土地を求めて南に流れ込んだためと考えられる。同時期のヨーロッパでも、ゲルマン民族大移動が起こっている。

当初は困窮難民の流入だったが、晋の八王の乱により胡族の南下が加速する。遊牧民は牧畜と狩りを主業としていたことから、騎馬戦術に巧みで戦争でも精強であった。そのため、晋を滅ぼして華北を支配したが、胡族のなかでも分裂し王朝が乱立することとなる。

十六国は、匈奴の前趙《ぜんちょう》、北涼《ほくりょう》、夏《か》。鮮卑の前燕《ぜんえん》、後燕《こうえん》、南燕《なんえん》、西秦《せいしん》、南涼《なんりょう》。羯の後趙《こうちょう》。氐の成漢《せいかん》、前秦《ぜんしん》、後涼《こうりょう》。羌の後秦《こうしん》。そして漢族による前涼《ぜんりょう》、西涼《せいりょう》、北燕《ほくえん》である。ただ、すべて同時期に並立していたわけではなく、単一民族の国でもなかった。また、代《だい》といった十六国に含まない短命国家もある。なかでも、氐族の苻《ふ》健《けん》が建てた前秦は、一時華北全域を支配したが、383年に東晋に攻め込んだ「淝水《ひすい》の戦い」で大敗し、さらなる分裂を招いている。

■五胡十六国

	国号	種名
1	漢(前趙)	匈奴
2	成漢	氐
3	後趙	羯
4	前燕	鮮卑
5	前涼	漢族
6	前秦	氐
7	後燕	鮮卑
8	後秦	羌

	国号	種名
9	西秦	鮮卑
10	後涼	氐
11	南涼	鮮卑
12	北涼	匈奴
13	南燕	鮮卑
14	西涼	漢族
15	夏	匈奴
16	北燕	漢族

一方、南の東晋は現地豪族と旧西晋の貴族の協力を得て、北を守備する北府《ほくふ》軍と国内を守備する西府《せいふ》軍を設置。しかし、両者の勢力争いのなかで次第に権力が低下する。そして420年、11代恭帝《きょうてい》が北伐と反乱鎮圧に功績のあった北府軍の劉裕《りゅうゆう》に禅譲し、新たに宋が建てられた。

南北朝時代

439……589

王朝交代をくり返しながらも南北分断を継続

南で開花した六朝文化と異民族の漢化

東晋に代わって劉裕が建てた宋は、のちの統一王朝の宋と区別するため「劉宋《りゅうそう》」と呼ばれる。建国直後は安定し、3代文帝《ぶんてい》による30年の治世は「元嘉の治《げんかのち》」と呼ばれた。しかし、その後は後継者争いにより、歴代8人の皇帝のうち半分が暗殺される事態に発展した。

この混乱に乗じて実権を握った将軍の蕭道成《しょうどうせい》が、479年に「斉」を建国。しかし、2代武《ぶ》帝《てい》のあとは暴君が続き、一族の蕭衍《しょうえん》が反乱を起こして斉を倒し、502年に「梁《りょう》」を興す。梁は55年間続いたが、蕭衍は晩年に仏教に傾倒しすぎて政治を混乱させる。それを収束させた将軍の陳霸先《ちんはせん》により、557年に「陳《ちん》」が建てられた。

南で続いた4つの王朝と、それ以前の呉、東晋を加えた時代を「六朝時代《りくちょう》」ともいう。この時代は、北から流れた貴族階級が持ち込んだ文化が発展した。陶淵明《とうえんめい》の文学、顧愷之《こがいし》の水墨画、王羲之《おうぎし》の書などが、芸術として花開き、六朝文化と呼ばれている。

一方、異民族による分割支配が続いた華北は、南で宋が建国された後の439年、「北魏《ほくぎ》」に統一される。弱小勢力だった鮮卑の拓跋部《たくばつぶ》は、初代道武帝《どうぶてい》が建国し、3代太武帝《たいぶてい》によって華北統一を果たす。本来の国号は「魏」だが、それ以前の魏と区別するため北魏と呼ばれる。

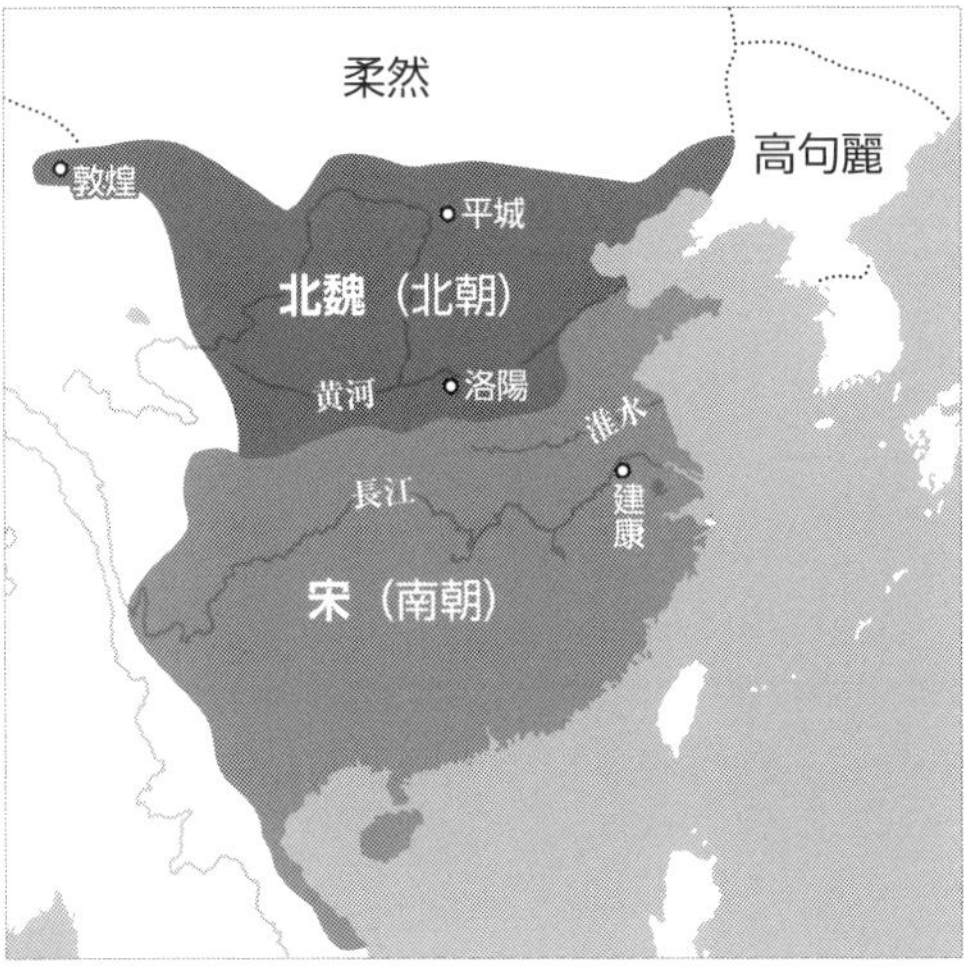

■南北朝の領土

北魏は、4代文成帝《ぶんせいてい》の後を文成文明皇后《ぶんせいぶんめい》（馮太后《ふう》）が受けて安定期を築く。6代孝文帝《こうぶんてい》は、洛陽に遷都すると、制度や言語、服装から名前まで漢人風に改める漢化政策を推進した。しかし、鮮卑の伝統を守りたい勢力が反発し、523年の「六鎮《りくちん》の乱」を経て「東魏《とうぎ》」と「西魏《せいぎ》」に分裂する。西魏は宇文泰《うぶんたい》、東魏は高歓《こうかん》が実権を握り、やがて西魏は「北周《ほくしゅう》」、東魏は「北斉《ほくせい》」となる。両者は互いに対立したが、577年に北周の3代武帝《ぶてい》が北斉を滅ぼして再統一した。しかし、直後に武帝が病死したため、重臣であった楊堅《ようけん》が新たに「隋《ずい》」を建てた。このように、南北に分裂して王朝交代が行なわれた時代を、中国の南北朝時代と呼ぶ。

隋

581……618

名君と暴君によって2代で終わった統一王朝

後世に残る制度を定め日本とも国交を持った大国

「隋」の国名は、当初は「隨」だった。初代文帝《ぶんてい》となる楊堅が、北周時代に隨国王《ずいこくおう》に封じられていたことに由来する。楊氏は代々漢人の名家を名乗っていたが、鮮卑出身説もある。

北周の将軍として活躍した楊堅は、3代武帝の死後に実権を握る。そして、581年に隋を興して初代文帝となり、589年には南朝の陳を倒し、約300年ぶりの南北統合を果たした。

文帝は長安に大興城《だいこうじょう》を建設し、中央官庁を三省六部《さんしょうりくぶ》に整理して「律令」を定めた。均田制《きんでんせい》と府兵制《ふへいせい》を導入し、民の負担は穀物を納める「租《そ》」、布などを納める「調《ちょう》」、そして労役に限定した。とりわけ、実力試験により官吏《かんり》を選抜する「科挙《かきょ》」制度は画期的な改革だった。文帝の治世は「開皇《かいこう》の治《ち》」と呼ばれ、唐《とう》をはじめとしたのちの王朝にも引き継がれていく。

しかし、2代煬帝《ようだい》は贅沢を好み、自分の地位を脅かす兄弟一族を次々と粛清した。北の黄河と南の長江という、中国大陸を東西に流れる河川を南北に結ぶ大運河を建設し、100万もの民衆を労役に従事させた。さらに長城の修復をさせると、文帝が果たせなかった高句麗《こうくり》遠征を3度にわたって強行する。この遠征は伝染病や補給不足、戦略の失敗などでことごとく失敗する。こうした失政に耐えかねて、各地で反乱が勃発し、煬帝は外戚の宇文化及《うぶんかきゅう》に殺された。そして、都を陥落させた唐国公《とうこくこう》の李淵《りえん》によって「唐」が建てられて滅亡する。

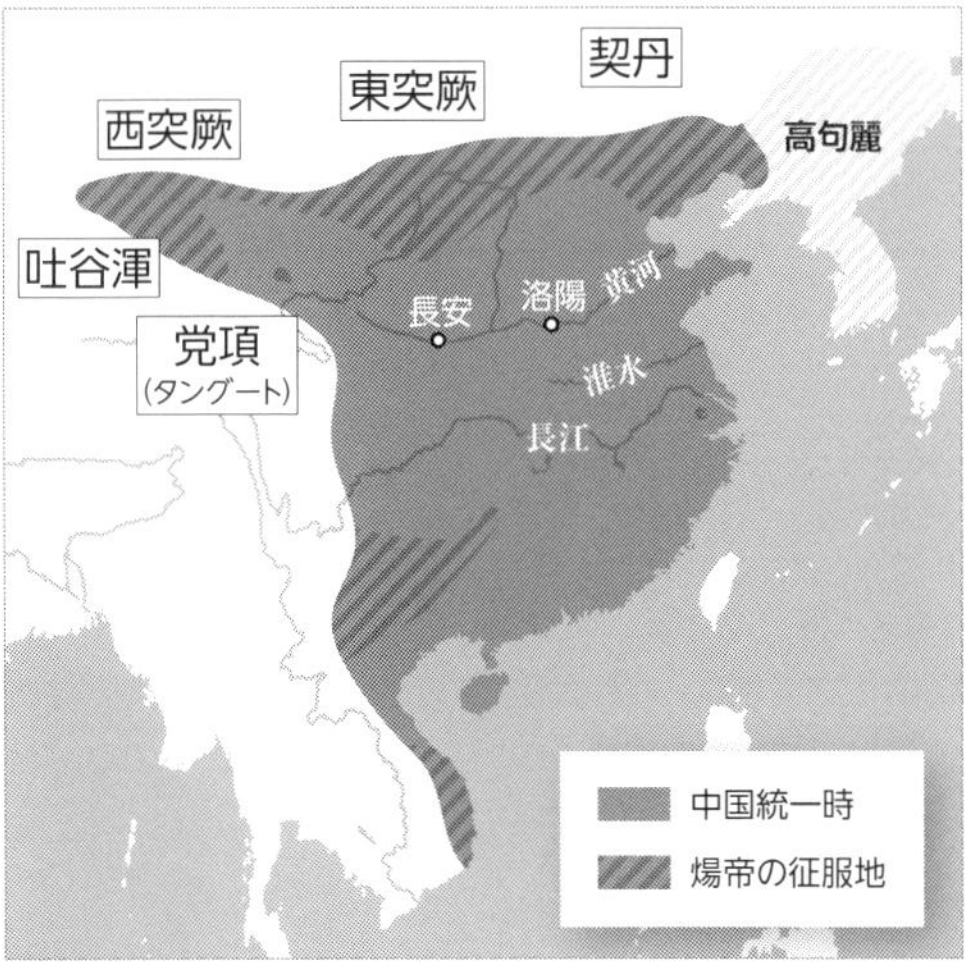

■隋の領土

そもそも煬帝の「煬」とは「燃やす、滅する」という意味があり、国を滅ぼした皇帝につけられる。のちの唐の正統性を示すため、ことさら悪く表現された部分もあったともいえる。

煬帝の築いた大運河は、江南の豊かな物資を北まで運び、唐代の長安の発展を支えた。現在は、北京から杭州《こうしゅう》まで、2000キロ以上を結ぶ「京杭大運河」として、世界遺産にもなっている。日本から遣隋使の小野妹子《おののいもこ》が訪れたときは「日出ずる処の天子、書を日没する処の天子に致す」と始まる国書に激怒したが、国交は開かれ隋の先進文化が日本にもたらされた。

唐

618……907

※武周（690年～705年）

欧州にも知られアジアに君臨した大帝国

最盛期を築いた李世民の「貞観の治」と玄宗の「開元の治」

唐を建国したのは初代高祖《こうそ》の李淵だが、統治を完成させたのは次男の李世民《りせいみん》といえる。李世民は、唐の建国時は敵対勢力の討伐などで功績を挙げた。しかし、兄が皇太子となると、これを不服として兄弟を殺害して実権を握った。このクーデターは「玄武門《げんぶもん》の変」と呼ばれ、自身が皇太子となった10日後には、父からの譲位を受けて2代太宗《たいそう》となる。

非情な手段で即位した太宗だが、為政者としては有能だった。隋の時代の良い部分は継承し、さらに発展させて内政を固めた。周辺民族には自治権を与えつつ、間接統治する羈縻《きび》政策をとった。天竺《てんじく》（インド）から教典を持ち帰った玄奘三蔵《げんじょうさんぞう》の密出国を咎《とが》めず、教典を翻訳させ仏教の振興にも力を入れた。太宗の治世は「貞観《じょうがん》の治《ち》」と呼ばれ、「道に置き忘れたものも盗まれない」「家の戸は閉ざさなくても泥棒が入らない」「旅の商人が野宿できる」ほど平和だったという。太宗と臣下の会話は『貞観政要《じょうがんせいよう》』に収められ、日本や朝鮮では為政者の必読書とされた。

3代高宗《こうそう》の頃には、隋が失敗した高句麗征伐を新羅《しらぎ》との協力により成功させ、さらに百済《くだら》も滅ぼした。百済は日本に助けを求め、663年には「白村江《はくすきのえ》の戦い」が行なわれたが、唐・新羅連合軍が大勝する。その後は、新羅が朝鮮半島を統一、高句麗の遺民による渤海《ぼっかい》国も立てられた。唐は両国とも争ったが、やがて自治権を認め、両国も唐を宗主国として朝貢した。

しかし、高宗は政治への関心が薄く、正妃となった武《ぶ》皇后が実権を握る。武皇后は傀儡とした自分の子を廃位すると、「周」を建てて中国初の女帝・武則天《ぶそくてん》となる。しかし、恐怖政治により反乱が相次ぎ、1代限りの15年で滅んだため、唐の時代に含まれる。

ところが、武則天の子であった中宗《ちゅうそう》も、皇后の韋《い》氏によって暗殺される。この「武韋《ぶい》の禍《か》」を収束させたのが、名君として誉れ高い6代玄宗《げんそう》である。玄宗の治世は「開元《かいげん》の治《ち》」と呼ばれ、農業、商業、文化、芸術が大いに発展した。都の長安には日本をはじめ、チベット、中央アジア、東南アジア、中東などからも人が集まり100万人都市となる。市中には、イスラム教(回教)やネストリウス派キリスト教(景教)の寺院まであった。

長安の繁栄を支えたのは、江南の農耕地帯から運河で運ばれる食料と、シルクロード交易によって得られた莫大な富であり、唐は最盛期を迎える。平和な治世が続いたことから、軍は徴兵制ではなく募兵制となり、各地には守備隊としての節度使が置かれた。

しかし、玄宗は晩年になると楊貴妃《ようきひ》を寵愛し、政治の実権を楊貴妃の一族で宰相《さいしょう》となった楊国忠《ようこくちゅう》の専横を許す。さらに、玄宗の信任を巡って節度使の安禄山《あんろくざん》と楊国忠が対立すると、755年には安禄山による大規模反乱が発生した。この「安史《あんし》の乱」により玄宗は長安を追われ、逃亡中に楊貴妃と楊国忠が殺される。失意の玄宗は粛宗《しゅくそう》に譲位し、寂しい晩年を過ごした。

世界帝国は滅亡するも日本に与えた影響は多大

玄宗以後の唐は、徐々に衰退していく。歴代皇帝は、安史の乱によって疲弊した国土の回復を目指したが、外戚や宦官に実権を握られて政治力は失われていく。また、ウイグルやチベットなども、唐の弱体化を見て離反し、逆に敵対するようになった。

玄宗が設置した節度使は、軍事拠点である藩鎮《はんちん》を中心に軍閥化し、本来中央に送るべき税収も私物化した。11代憲宗《けんそう》は、中央の禁軍を強化してこれに対抗したが、晩年には不老不死に傾倒し、宦官排斥を計画したところ、逆に宦官から暗殺されてしまう。

15代武宗《ぶそう》は、道教を信奉するあまり仏教を弾圧。さらにゾロアスター教（祆教《けんきょう》）やマニ教（明教《みんきょう》）などの外来宗教も排斥しようとしたことから、西域諸国との関係悪化を招いた。

唐の財政は悪化し、資産に応じて夏・秋の収穫期に税を徴収する両税法、塩の専売や茶への課税などを導入したが、各地では重税に耐えかねた民による反乱が頻発した。そして、塩賊《えんぞく》の黄巣《こうそう》を指導者とする「黄巣の乱」が、都の長安を占拠するまでに拡大する。この乱は、黄巣軍か

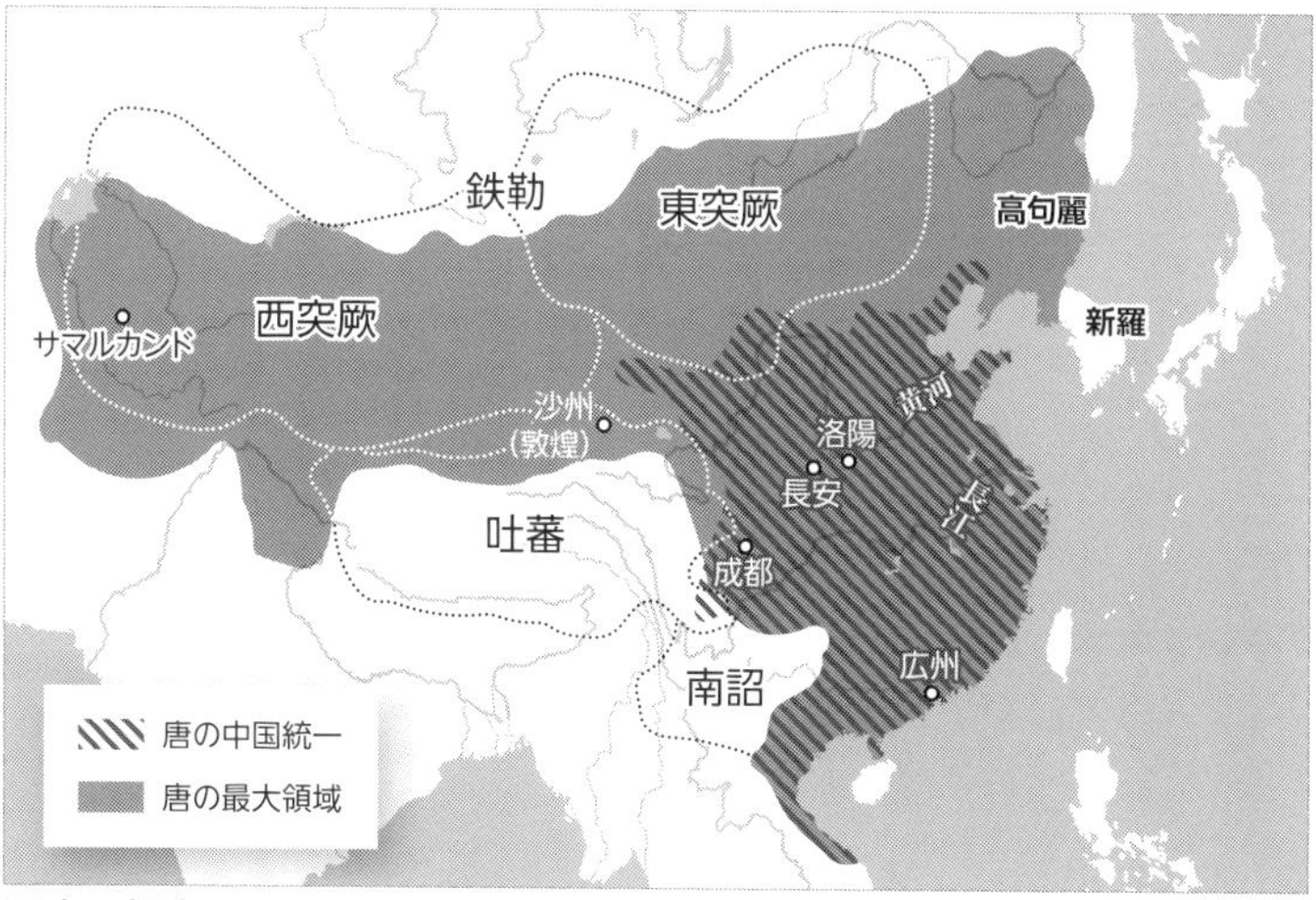

■唐の領土

ら寝返った朱全忠《しゅぜんちゅう》の活躍で鎮圧される。しかし、朝廷の実権は朱全忠が握り、各地には節度使が半独立勢力となって乱立した。やがて、朱全忠は傀儡に立てた20代哀帝《あいてい》から禅譲を受け、新たに後梁《こうりょう》を立てる。哀帝はその翌年に毒殺され、約290年続いた唐は滅亡した。

唐が繁栄していた時代、唐の先進文化や制度は、遣唐使を通して日本にも伝えられた。日本の平城京や平安京は、唐の都の長安をモデルに建設されている。とりわけ、天竺で生まれた仏教は唐を通して日本に伝えられ、最澄《さいちょう》や空海《くうかい》によって大いに発展した。唐が衰退すると、894年に菅原道真《すがわらのみちざね》により遣唐使は廃止される。間もなく唐は滅亡したが、日本ではその後も大陸のことを「から」「もろこし」などと呼び、「唐」の字をあてていた。

五代十国時代

907……960

めまぐるしく変わる北の王朝と南の群雄割拠

周辺国も次々と独立していった混迷の時代

唐を滅ぼした「後梁」だが、朱全忠による皇位簒奪を批判する勢力は多く、支配地域は華北に限定された。南の節度使たちは後梁を認めず、次々に独立して皇帝を名乗る勢力も現れた。北でも、唐の臣下の頃から朱全忠と不仲だった突厥《とっけつ》の李克用《りこくよう》が、反後梁の急先鋒となる。李克用は後梁が建国した翌年に死去するが、息子の李存勗《りそんきょく》が後を継いで後梁と敵対した。後梁は朱全忠が堕落し、没後には後継者争いで弱体化する。この隙に勢力を拡大した李存勗は、923年に後梁を攻め滅ぼすと、新たに「後唐《こうとう》」を建てた。しかし、その後唐も内紛により13年で滅亡し、2代明宗《めいそう》の娘婿であった石敬瑭《せきけいとう》による「後晋《こうしん》」が建国される。

このように、約50年ほどの間に中原で5つの王朝が興亡し、地方では約10の小国が乱立していた時代を、五代十国時代という。五代のほうは、後晋のあとに「後漢《こうかん》」、「後周《こうしゅう》」と続く。一方で十国は「前蜀《ぜんしょく》」「後蜀《こうしょく》」「呉《ご》」「南唐《なんとう》」「荊南《けいなん》（南平《なんぺい》）」「呉越《ごえつ》」「閩《びん》」「楚《そ》」「南漢《なんかん》」「北漢《ほくかん》」を指すが、実際にはさらに多くの勢力が存在し、覇権を争っていた。

また、華北のさらに北のモンゴル高原では、キタイ（契丹《きったん》）族が勢力を拡大し、耶律阿保機《やりつあぼき》によるキタイ帝国が築かれる。キタイは東北の渤海を滅ぼすと南下して漢人文化を吸収した。しかし、後晋は契丹を後ろ盾とするため、現在の北京を含む「燕雲《えんうん》十六州」を譲り渡す約束をした。後晋が反キタイ政策をとると、後晋を滅ぼして国号を「遼《りょう》」とする。

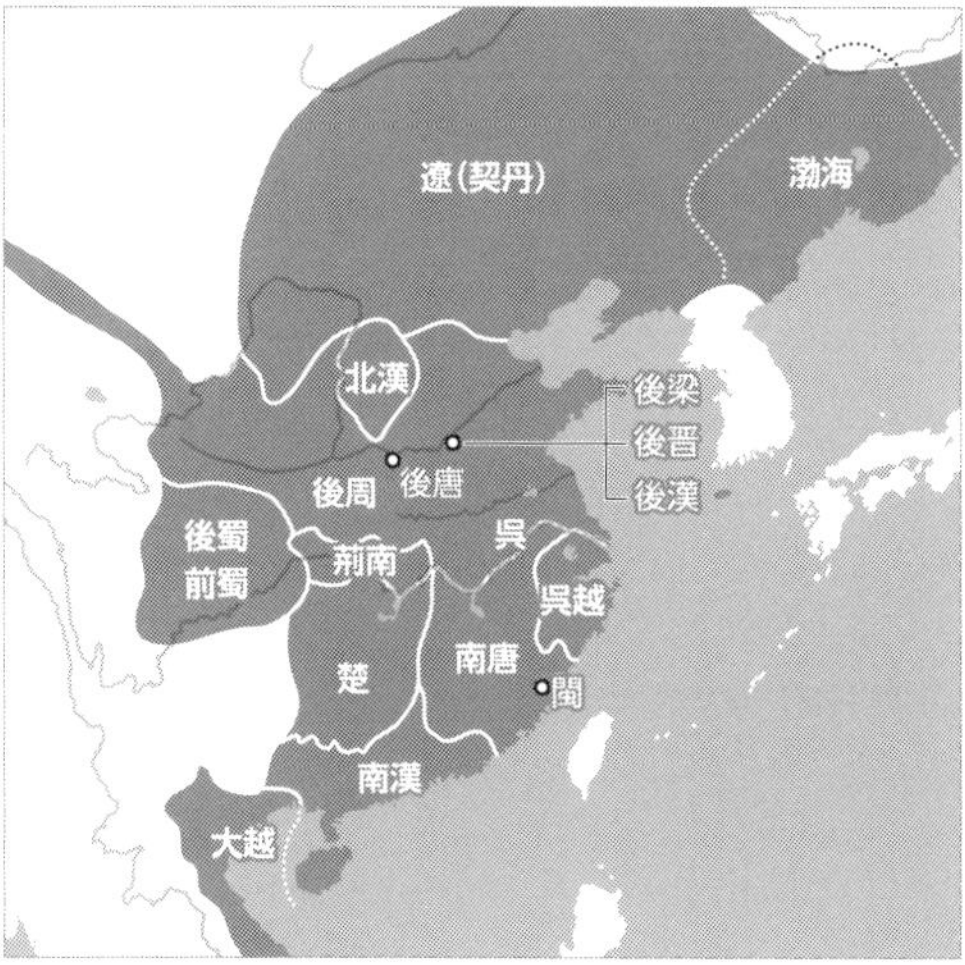

■五代十国の勢力図

遼が、漢人の反発が大きいことから統治をあきらめると、後晋の重臣であった劉知遠《りゅうちえん》による「後漢」が建つが、わずか3年で重臣の郭威《かくい》が台頭し「後周」が建てられた。後周は、郭威の甥で2代世宗《せいそう》となった柴栄《さいえい》が名君として知られ、中国の統一が進められていく。

この時代、雲南《うんなん》省からタイ、ミャンマーにかけてを大理国《だいりこく》が支配。朝鮮半島では高麗《こうらい》、ベトナムでは呉朝《ごちょう》が生まれている。混迷する中国に、周辺国を支配する余裕はなかった。

禅譲による最後の王朝は異民族侵入で滅亡

異民族に財貨を支払いながら文治政治を築いた「北宋」

五代最後の王朝となった後周は、2代柴栄の代で中国統一事業に乗り出した。しかし、柴栄が志半ばで没すると、わずか7歳の恭帝《きょうてい》が即位する。周囲には依然、十国が残っており、幼帝では心許なかった。そこで960年、禁軍の総司令で人望の厚い趙匡胤《ちょうきょういん》が、恭帝からの禅譲を受けて新たな皇帝に即位した。中国の歴史上、禅譲での王朝交代はこれで最後となる。趙匡胤は、後周の一族も厚遇し、恭帝は鄭王《ていおう》に封じられて天寿をまっとうしている。

新たに「宋」が建てられ、趙匡胤は初代太祖として柴栄の統一事業を引き継ぐ。しかし、趙匡胤も50歳で没し、弟の趙匡義《ちょうきょうぎ》が2代太宗《たいそう》となる。太宗は、十国で残っていた呉越を降し、北漢を滅ぼし、979年にようやく中国を統一して、五代十国時代に終止符を打った。

ただ、北では強国の遼が君臨しており、後晋が割譲した燕雲十六州の奪還は、宋にとって宿願となる。ところが、3代真宗《しんそう》は遼の侵攻を受けると、遼が宋を兄として立てる代わりに、宋が毎年絹20万匹、銀10万両を送るという和平条約を結んで対面を保った。この「澶淵《せんえん》の盟《めい》」の後、今度はチベット系のタングート族による「西夏《せいか》」が宋に反旗を翻したが、宋はこちらにも絹13万匹、銀5万両、茶2万斤を送ることで盟約を結んだ。宋は両国に財貨を差し出すことで立場的には上となるが、その負担は小さなものではなかった。

太祖と太宗は節度使の軍閥化を懸念し、軍事力を削減する方向で動いていた。北を守備する楊業《ようぎょう》の一族は、その精強さから遼にも恐れられたが、宋の中央からは冷遇された。軍備を増強して軍閥化を招くより、異民族に財貨を払うほうが効果的と考えたようだ。

宋の時代は、権限は皇帝に集中した。地方には直属の長官が派遣され、中央の枢密院で軍を統括、中書省で法令を審議した。そして、官吏は登用試験である「科挙《かきょ》」によって選ばれた。隋が導入した科挙は宋になって定着し、「士大夫《したいふ》」と呼ばれる官吏が宋の繁栄を支えた。

6代神宗《しんそう》の頃には、この士大夫から王安石《おうあんせき》が抜擢され、新法と呼ばれる改革を行なった。この新法導入により、宋の財政は改善に向かう。しかし、急激な変革に既得権益を持つ士大夫が反発し、新法党と旧法党に分かれて争うようになる。さらに神宗以後の皇帝も次々に入れ替わり、宋の朝廷は次第に派閥争いの場となり、賄賂《わいろ》が横行するなど腐敗が進んだ。

8代徽宗《きそう》の頃、遼の支配を受けていた満州の女真《じょしん》族を完顔阿骨打《ワンヤンアクダ》が糾合し、新たに「金《きん》」を建てた。宋は勢いのある金と結んで遼を倒すために「海上《かいじょう》の盟《めい》」を結ぶ。ところが、宋は「方臘《ほうろう》の乱」

など地方反乱の対応に追われ、実質的に金単独で遼を滅ぼしてしまう。遼の皇族であった耶律《やりつ》大石《たいせき》は、中央アジアに逃れて新たに西遼《せいりょう》を築き、13世紀まで存続させた。

その後、宋は金に財貨を支払わず、遼の残党と手を結ぼうとしたことから金の侵攻を招く。都の開封府《かいほうふ》が包囲され、徽宗の後を受けた9代欽宗《きんそう》は、慰謝料を約束して金を撤退させた。しかし、莫大な慰謝料はとても払えるものではなく、金の再度の侵攻を招く。開封府はついに陥落し、徽宗と欽宗、さらに高級官僚、後宮の女たちはすべて金の本国に連れ去られた。この一連の出来事は「靖康《せいこう》の変」と呼ばれ、1126年に宋はいったん滅亡する。

宿敵の金が滅亡するまで命脈を保った「南宋」

金が開封府を占拠し、ほとんどの皇族を連れ去ったとき、たまたま都の外にいて難を逃れたのが欽宗の弟である趙構《ちょうこう》だった。趙構は、同じく開封府から脱出した宋の旧臣たちとともに、南京で亡命政権を樹立し宋を再興した。以後、金に滅ぼされる前の宋を「北宋《ほくそう》」、南で再興した宋を「南宋《なんそう》」という。都は、臨安《りんあん》(杭州)に定め、趙構は高宗《こうそう》として南宋の初代皇帝となる。

建国当初の南宋は、岳飛《がくひ》などの活躍により、中原を回復しようと金と対立した。しかし、金に連行された秦檜《しんかい》が帰国して宰相となると、主戦派は次々と粛清され、1142年の「紹興《しょうこう》の和議」により、淮水《わいすい》を国境とする和平条約が結ばれる。さらに、太祖の末裔とされる趙昚《ちょうしん》が2

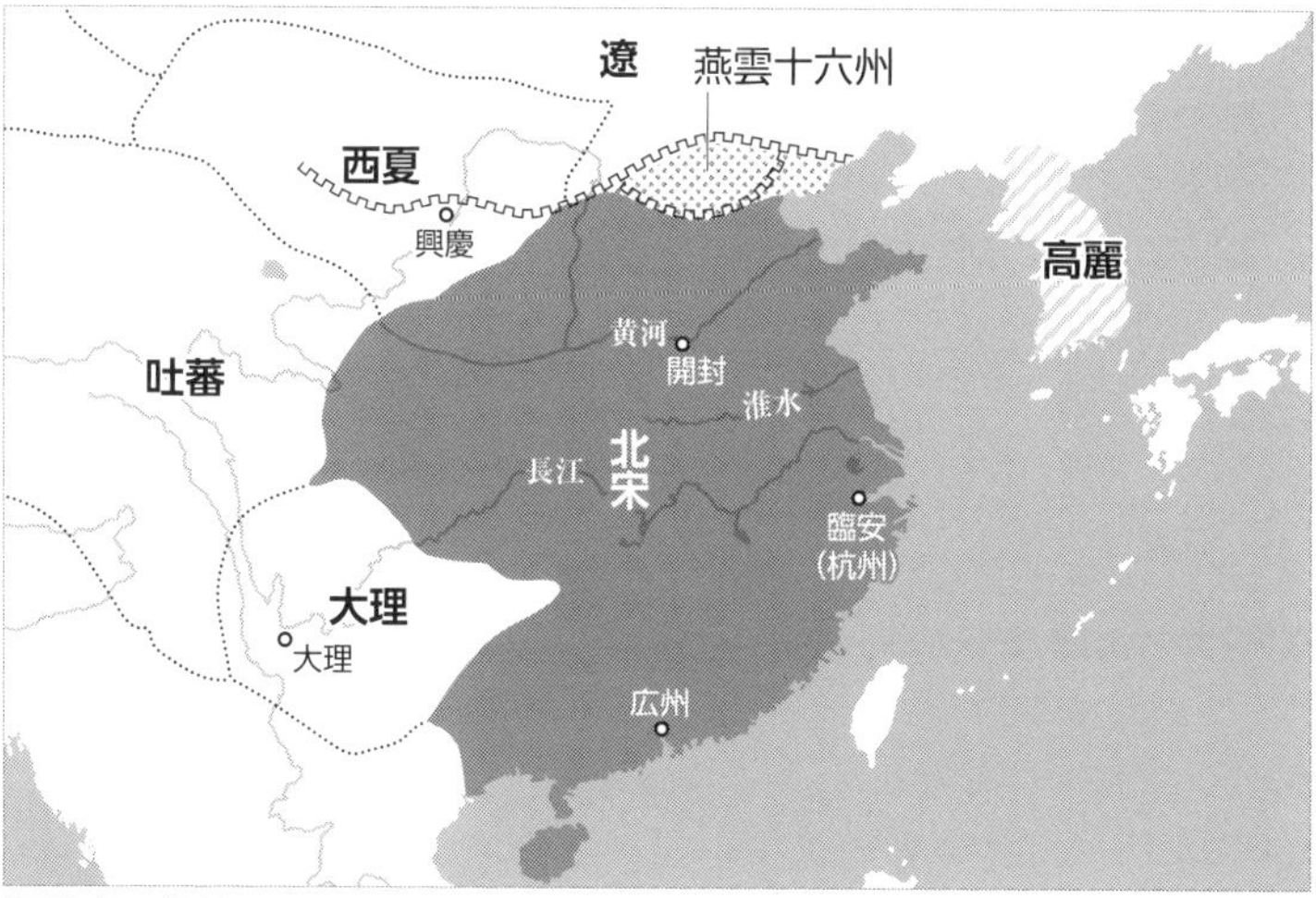

■北宋の領土

代孝宗《こうそう》となり、1164年の「隆興《りゅうこう》の和議」で両国は安定した。ただ、この和議では金が兄、南宋が弟という立場にされた。この異民族との立場逆転は、漢民族にとっての苦い記憶として、のちの中華思想の源流となり、抗金派の岳飛を英雄視する風潮を生んだ。

　南宋は、豊かな江南の土壌と海洋貿易の推進により、孝宗のもとで繁栄を築いた。しかし、孝宗の後には臣下が実権を握り衰退していく。さらに、金の北方ではモンゴル高原のチンギス＝カンが、急速に勢力を拡大しモンゴル帝国を築く。そして1234年、モンゴルが金を滅亡させる。宋は一時モンゴルと結んだが、「元《げん》」の皇帝となったフビライの命により、1276年に臨安が陥落し宋は滅亡。その後も残党が徹底抗戦を続けたが、1279年に完全消滅した。

元

1271……1368

地上の4分の1を支配した多民族国家の中核

多面的な侵略戦争で日本にも攻め込んだ大帝国

南宋を滅ぼした元は、モンゴル帝国5代皇帝のフビライによって建てられた。国名は、儒教の古典『易経《えききょう》』の一節「大哉乾元、萬物資始（大いなるかな乾元、万物とりて始む）」からとられた。正式には「大元《たいげん》」というが、古典から国号が定められたのははじめてのことである。

チンギス＝カンが築いたモンゴル帝国は、建国50年ほどで、地球上の陸地の4分の1を支配したといわれるほどに急成長した。チンギスの子らは、各方面に分かれて勢力を広げ、次男チャガタイが中央アジア南部にチャガタイ・ハン国、フビライのいとこにあたるバトゥがロシア南部にキプチャク・ハン国、フビライの弟のフレグの系統が中東にイル・ハン国を築く。

東アジア攻略を担当したフビライは、中国の豊かな物資を押さえたことで、弟のアリクブケとの皇位継承争いを有利に進めた。こうしてフビライは、モンゴル帝国の皇帝と、中国からモンゴルまでを直轄領とする「大元ウルス」の初代皇帝を兼任する。

しかし、元を建国した時点では、まだ中国の支配は完全ではなく、南には南宋が残っていた。そのため、フビライは南宋攻略を最優先とし、建国前から南宋との戦いを開始。1274年には、征服した朝鮮半島の高麗を先導役に日本に侵攻して失敗したが、これも南宋との同盟阻止を狙ったもののようだ。一方で南宋攻略では、徹底した準備を行なっている。騎馬軍団、水軍、補給も整え、ペルシアからもたらされた巨大投石器「回回砲《フイフイほう》」を投入した。1273年に、南宋の重要砦となっていた襄陽《じょうよう》が陥落すると、たちまち南宋は元に征服されてしまった。

元は南宋の水軍などを吸収し、1281年に再び日本に侵攻した。元軍の総数は14万にもなったが、折からの台風と疫病、日本の抵抗により失敗している。この2度にわたる日本侵攻は「蒙古襲来（元寇《げんこう》）」と呼ばれ、日本では1度目を「文永《ぶんえい》の役」、2度目を「弘安《こうあん》の役」という。

南宋攻略後は東南アジアにも進出し、ベトナムにも3度侵攻している。こちらも攻略には失敗し、完全な征服に至らなかったが、東南アジアの海上支配権は確立した。フビライは3度目の日本侵攻も計画していたというが、1294年に病死している。

元のヒエラルキーでは最下層だった漢民族

現在の北京は、元の時代に都となり大都《だいと》と呼ばれた。しかし、遊牧民出身のモンゴル皇帝は、夏はさらに涼しい北の上都《じょうと》（現在のモンゴル自治区）で過ごし、大都は冬の都とし、移動中は巨大なテント「ゲル」で執政した。モンゴルでは早馬のリレーによる情報網「ジャムチ（駅伝制）」が確立しており、皇帝には各地の情報が迅速に伝えられた。

元の支配体制のもとでは、漢族は最下層の扱いを受けた。モンゴル人が第一であり、西域出身者による「色目人《しきもくじん》」、旧金支配下にあった女真族や漢族の「漢人」、南宋の支配下にあった漢族の「南人《なんじん》」と続く。色目人の多くは、中央アジアや中東から渡ってきたトルコ人、アラブ人、ペルシア人などで、その数は100万人以上という。農業よりも商業を重視した元では、農耕民族である漢族よりも、中東のイスラム商人が重用されたといえる。

フビライの死後、孫のテムルが後継者となると、中国統一まで疎遠だった他のモンゴル帝国国家と連携し、東西交流が活性化する。海洋交易とシルクロード貿易により、多くの物品、文化が往来し、この時代は「パクス・モンゴリカ（モンゴルの平和）」とも呼ばれる。西洋人も訪れ、イブン・バットゥータの『三大陸周遊記《さんたいりくしゅうゆうき》』、マルコ・ポーロの『東方見聞録《とうほうけんぶんろく》』などにより、イスラム諸国やヨーロッパに東の大国のことが伝えられた。

とはいえ、元が漢族をことさら抑圧していたともいえない。モンゴル人の間ではモンゴルの制度、女真族には金の制度、漢族には唐や宋代の制度が引き継がれた。それぞれの地域は11の省に分割され、行中書省《こうちゅうしょしょう》が統治した。中央官庁のトップにはモンゴル人を置くも、実務に長《た》けた漢族の官吏が多数登用されている。多民族が混在する元では、皇帝の側近としても、漢人

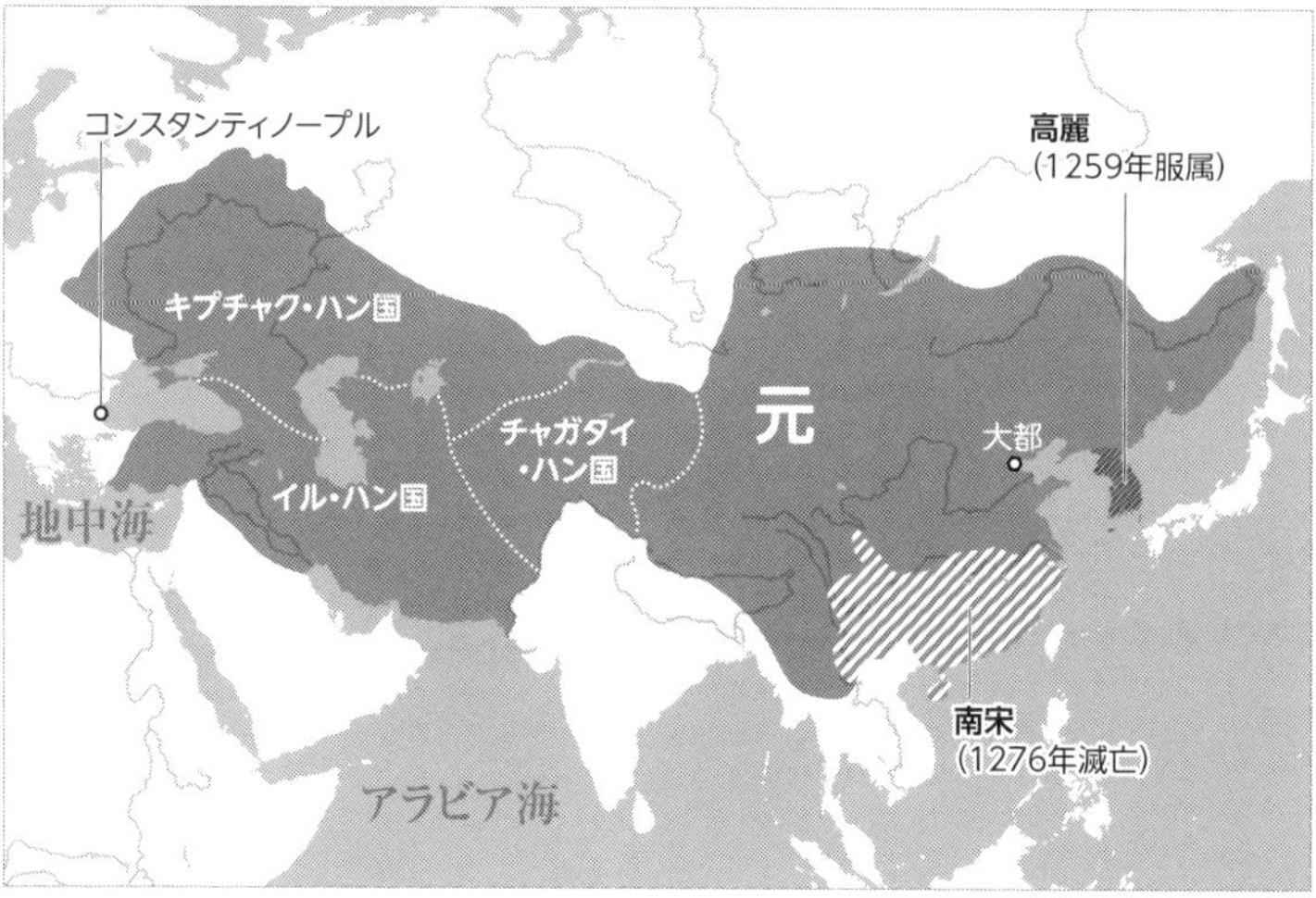

■元の領土

を含めた多くの人々が、人種よりも実力により抜擢された。イスラム教、キリスト教なども認めたが、国名が儒教の古典からとられているように、儒教を軽視していたわけでもない。

14世紀に入ると、世界的な寒冷化が起きて農作物の収穫量が激減する。さらに、東西貿易が活発化したことで、中央アジアで発生した黒死病（ペスト）が東アジアやヨーロッパで大流行した。色目人による汚職、官吏の腐敗も横行し、元は内と外に問題を抱え衰退していく。

社会不安から各地では反乱が頻発し、なかでも白蓮《びゃくれん》教徒による紅巾《こうきん》の乱が拡大した。こうした事態に、元の11代（モンゴル皇帝としては15代）トゴン・テムルは、1368年に大都を放棄してモンゴルに撤退。元は中国の支配権を失ったが、その後も北元《ほくげん》として存続していく。

明

1368……1644

貧農から成り上がった朱元璋による統一王朝

「北京」をはじめて中国の首都とした永楽帝

元の後に中国の統一を果たしたのが「明《みん》」である。この時代に完成した印刷書体の「明朝体」に名を残している。開祖となった朱元璋《しゅげんしょう》は、貧農から白蓮教徒の反乱に加わって頭角を現し、南《なん》京《きん》を拠点に江南の支配に成功し、１３６８年に建国して皇帝となった。

即位時点ではまだ江南を支配するのみだったが、すぐに北伐を開始し、元を北に追いやることで華北も支配下に収めた。江南から興った王朝が、中国を統一したのははじめてである。

明の国名は、白蓮教が「明教」と呼ばれていたことに由来するといわれる。しかし、皇帝となった朱元璋は、むしろ儒教の朱子学を重視し、逆に白蓮教は邪教として弾圧した。また、即位とともに元号を洪武《こうぶ》とし、皇帝ひとりにつき元号もひとつとする「一世一元の制」を定める。以後の皇帝はその在位中の元号で呼ばれ、朱元璋は明の初代洪武帝となる。

自身も貧農出身だった洪武帝は、農業政策に力を入れた。土地台帳を整備して、図付きで所有権を明確にした「魚鱗図冊《ぎょりんずさつ》」、戸籍帳の「賦役黄冊《ふえきこうさつ》」を作成し、黄河を治水して収穫量を上げた。特に江南の穀倉地帯は、中国の食料をすべてまかなえるほど豊かになった。

一方で洪武帝は、建国の功臣や有力者を次々に粛清し、錦衣衛《きんいえい》という皇帝直属の親衛隊が、秘密警察として洪武帝の独裁政治を強化した。また、南の倭寇《わこう》が活発化したため海禁政策をとり、息子の朱棣《しゅてい》を大都のあった北平《ベーピン》に置いて北方の防衛を任せた。

この朱棣が、のちの3代永楽帝《えいらくてい》となる。洪武帝が死去すると、孫が2代建文帝《けんぶんてい》となるが、建文帝は目障《めざわ》りな叔父たちを次々と粛清し始めた。これに危機感を抱いた朱棣が反乱を起こし、「靖難《せいなん》の変」によって建文帝を倒して即位したのである。

永楽帝は、首都を南京から自身の本拠地である北平に移して「北京」とした。永楽帝が建設した紫禁城《しきんじょう》は、現在も故宮博物館として残る。また、北元の侵攻に備え、都の北100キロの地点に長城を築いた。これが現在も残る世界遺産「万里の長城」である。

永楽帝は、積極的に対外進出を行なった。朝鮮半島では、高麗に代わって親明派の李成桂《イ・ソンゲ》による李氏朝鮮が朝貢国になっていた。永楽帝はさらに宦官の鄭和《ていわ》に大艦隊を預け、7度にわたる大航海を行なわせた。鄭和は30ヵ国以上を明の朝貢国として帰還した。さらに鄭和は、大航海時代以前に東アフリカにまで達し、キリンやサイを持ち帰っている。

北に対しては永楽帝自身で親征し、タタールやオイラトを威圧した。この時期の日本は室町時代で、勘合貿易によって明との交易を行なった。明は朝貢外交しか認めなかったが、朝貢国には貢いだ品以上のものが下賜《かし》された。そこで将軍足利義満《あしかがよしみつ》は、実利をとって勘合貿易を推進し、天皇に無断で日本国王としての冊封を受けている。

北虜南倭で問題を抱え、反乱によって滅亡する

積極的に海外進出した永楽帝により、明は世界帝国としての名を高めた。4代洪熙《こうき》帝、5代宣徳《せんとく》帝の代は、「仁宣《じんせん》の治《ち》」と呼ばれて最盛期を迎えた。しかし、6代正統帝《せいとうてい》が、北方で勢力を拡大したオイラトのエセン＝ハンとの戦いで捕虜となってしまう。この「土木《どぼく》の変」により、弟の景泰帝《けいたいてい》が即位したが、オイラトから正統帝が返還されると、皇位を巡る争いが起きる。この戦いは正統帝が勝利して8代天順帝《てんじゅんてい》として復位(重祚《ちょうそ》)したが、国内は混乱した。

また、南では倭寇が頻繁に行なわれていた。初期の倭寇は、日本人による東シナ海での海賊行為を指したが、やがては明や朝鮮の海賊集団も倭寇と呼ばれるようになる。この南北の外患を「北虜南倭《ほくりょなんわ》」といい、明にとって常に頭を悩ませる存在となった。

1572年、14代万暦帝《ばんれきてい》は、わずか10歳で即位する。最初のうちは内閣大学士《ないかくだいがくし》の張居正《ちょうきょせい》が、北虜南倭で疲弊した財政の建て直しをはかった。内閣大学士は、宰相に代わって永楽帝が設けた皇帝の補佐役で、日本の行政府を「内閣」と呼ぶ由来である。

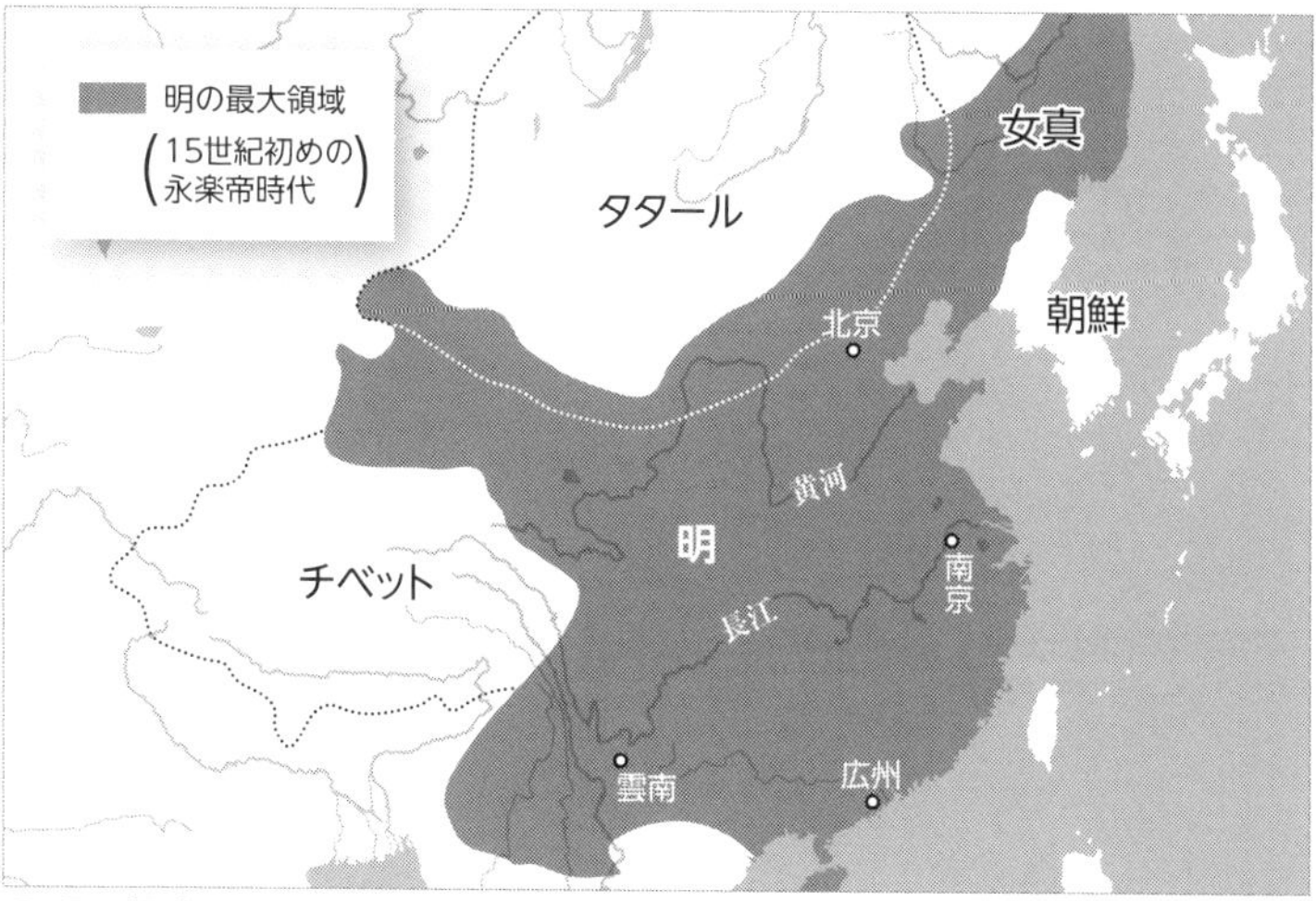

■明の領土

しかし、成人した万暦帝は政治に関心を示さず、奢侈《しゃし》に溺れた。また、日本の豊臣秀吉《とよとみひでよし》が2度にわたって李氏朝鮮に侵攻すると、これを撃退するために援軍を派遣した。明の援軍と豊臣秀吉の死により日本は撤退したが、朝鮮半島への大軍派兵は、明の財政破綻の契機となった。

その頃、北では女真族のヌルハチが建てた後《こう》金《きん》が台頭し、1619年の「サルフの戦い」で明軍は大敗を喫する。ヌルハチの後継者ホンタイジは国号を「清《しん》」として明を圧迫した。

ただ、明を滅ぼしたのは、清ではなかった。各地で農民反乱が頻発し、初代洪武帝と同じく、農民から反乱指導者となった李自成《りじせい》が勢力を伸ばす。そして1644年、李自成の軍が北京を占領すると、17代崇禎帝《すうていてい》は自害し、明最後の皇帝となったのである。

清

1644……1912

革命に倒れた異民族による中国最後の王朝

明の仇を討った大義名分で中国を支配

明の弱体化に伴って台頭したのが、明の支配下に組み込まれていた北方の女真族である。かつて金を建国した女真族は、明の下で建州《けんしゅう》、海西《かいせい》、野人《やじん》などの部族ごとに分割統治されていた。17世紀に入ると、建州女真の愛新覚羅《アイシンギョロ》氏に属するヌルハチが満州族を名乗り、八旗《はっき》軍という精強な軍勢を率いて女真族を統一し、後金を建てた。その子のホンタイジは、国号を清と改め朝鮮半島を支配下に収めると、南下して中国本土にも侵攻する。

しかし、山海関《さんかいかん》を守る明の将軍・呉三桂《ごさんけい》の奮闘により、容易に万里の長城を越えることはできなかった。ところが、ホンタイジの死後、息子のフリン（順治帝《じゅんちてい》）が即位すると、「李自成の乱」によって明が滅亡する。李自成に反発した呉三桂が清に寝返り道案内を務めたことから、清は１６４４年に北京を攻略して李自成を倒し、新たな中国の支配者となった。

異民族による統治はモンゴルの元以来となるが、清は明の制度を変えることはなく、明滅亡の仇《かたき》を討った功績を主張して統治を正当化した。明の再興を求める勢力は江南に点在したが、1661年に即位した康熙帝《こうきてい》は、台湾の鄭成功《ていせいこう》などの反清勢力を討伐し、さらに建国の協力者であった呉三桂の反乱も鎮圧して地盤を固めた。

一方で、髪を剃り、伸ばした頭頂部の髪を三つ編みにする満州族の辮髪《べんぱつ》を漢民族にも強制している。儒教の教えでは、髪を切るのは体を傷つけることと同じとされており、漢民族は反発した。しかし、拒否したものは次々と処刑され、以後男性の髪型は辮髪が定着する。

清朝はヌルハチを初代太祖とし、4代康熙帝、5代雍正帝《ようせいてい》、6代乾隆帝《けんりゅうてい》の3代約130年の間に最盛期を迎える。東は朝鮮半島からサハリン沿海州、北はロシアとの条約によりアルグン川とスタノヴォイ山脈、西はオイラトのジュンガル部を滅ぼし、モンゴルからウイグルを経てチベットにまで進出。最大版図は現在の中国の国土面積よりも大きく、清の皇帝は満州族の族長にして漢民族の皇帝、モンゴルのハーン、チベット仏教の保護者という4つの顔を持った。

「眠れる獅子」に例えられたアジア最強国の没落

康熙帝は漢字字典の「康熙字典《こうきじてん》」、雍正帝は百科辞典の「古今図書集成《ここんとしょしゅうせい》」、乾隆帝は歴史書や書物をまとめた全集「四庫全書《しこぜんしょ》」を編纂させるなど、清の皇帝は文化振興にも積極的だった。しかし、乾隆帝が退位する頃には国庫も底をつき、清の没落が始まる。1796年に始まった「白蓮教徒の乱」は、鎮圧までに5年を要した。さらに、鎖国体制をとっていたことから、アジアの植民地化を進める西欧列強の進出にも対応が遅れた。

1840年、イギリスが清から陶磁器や絹、茶などを輸入するために大量のアヘンを流通させたことを発端に、アヘン戦争が勃発する。この戦いで敗れた清は、イギリスとの間で不平等条約を結ぶことになり、他の列強諸国も中国進出を加速させた。

1851年には『滅満興漢《めつまんこうかん》』を掲げた「太平天国の乱」が起きたが、対応できない清は、租借地に各国の軍が駐留することも認める。さらに1895年には、日本との日清戦争にも敗れる。かつてヨーロッパから「眠れる獅子」と警戒された清の弱体化は世界的にも明らかになった。

その間、清の朝廷では10代同治帝《どうちてい》の母である西太后《せいたいこう》が実権を握り、甥の11代光緒帝《こうしょてい》と宮廷闘争をくり広げていた。西太后は、帝政を維持しつつ海外の技術を取り入れる「中体西用《ちゅうたいせいよう》」により、上からの近代化を目指す洋務運動に取り組む。しかし、西洋軍艦の購入資金を庭園の造営に流用するなど、改革は中途半端なまま国力を低下させた。

1900年には、西洋を追い出して清を助ける「扶清滅洋《ふしんめつよう》」を唱える義和団の乱が起きる。清はこれに同調して海外に宣戦布告したものの、日本やロシアなど8ヵ国の連合軍の介入を招き、義和団の乱は鎮圧され、清の立場はますます弱くなった。

西太后は、甥の子にあたるわずか2歳の溥儀《ふぎ》を次の皇帝に指名して死去した。12代宣統帝《せんとうてい》と

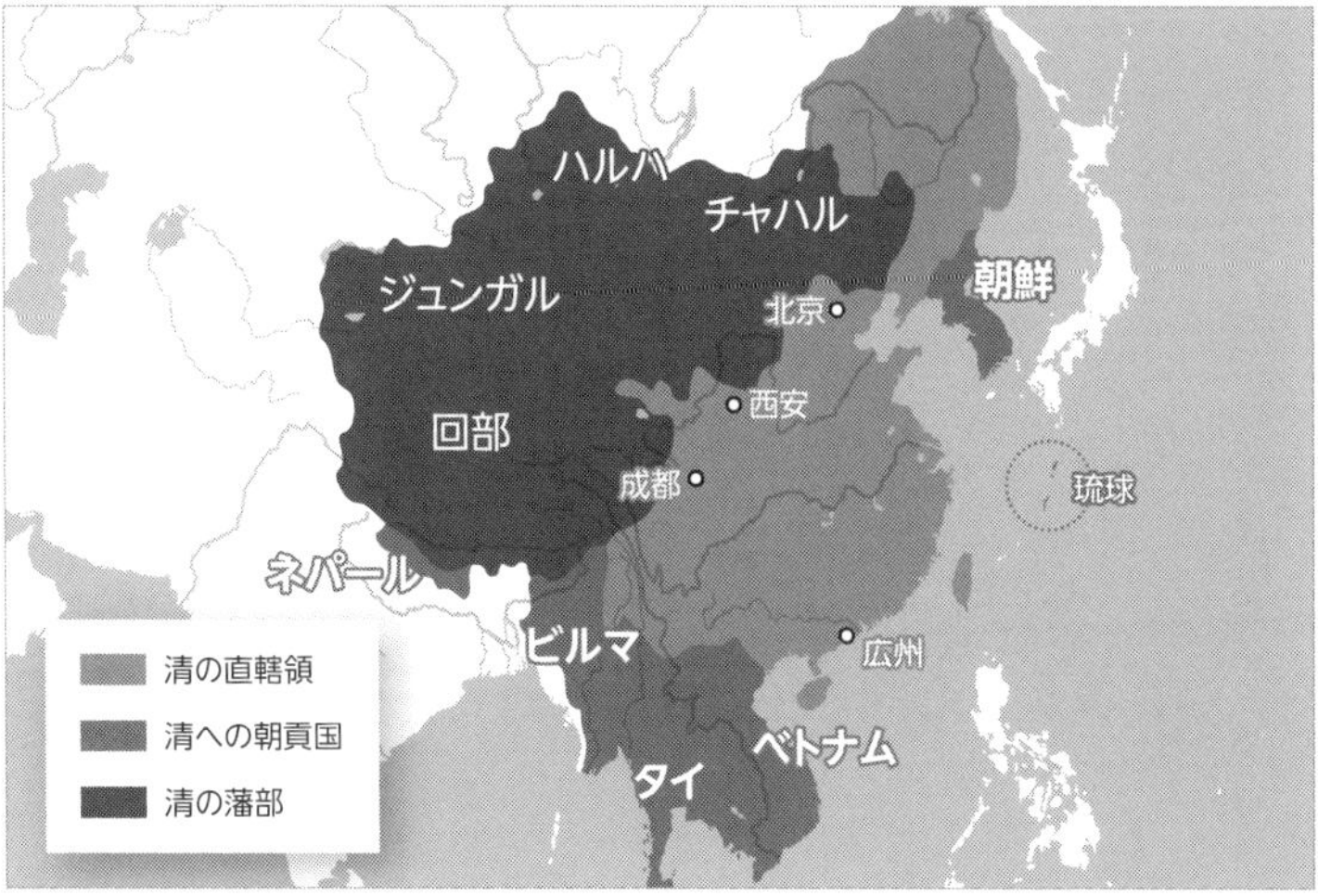

■清の領土

なった溥儀のもと、清では中国史上初の内閣が発足された。しかし、人選が皇族を中心としたものだったことから、かえって反発を招いた。そうしたなか、孫文《そんぶん》らを中心に革命を求める声が大きくなり、1911年に辛亥《しんがい》革命が起きる。革命勢力が北京に迫ると、翌1912年に6歳となった溥儀は退位に追い込まれ、268年続いた清はついに滅亡する。

長きにわたって続いた中国の帝政は、清の滅亡によって終焉を迎え、その後は新たに中華民国が建国された。

しかし、革命を指導した孫文の死後、蔣介石《しょうかいせき》率いる国民党と、毛沢東《もうたくとう》が結成した共産党による対立が激化し国共内戦に発展。この内戦に毛沢東が勝利したことで成立したのが、現在まで続く中華人民共和国である。

■歴代王朝系図一覧

殷王朝系図

湯①……太甲④—大庚⑥—太戊⑨……祖乙⑬……小乙㉑……祖甲㉔……武乙㉗—太丁㉘—帝乙㉙—帝辛（紂）㉚＝妲己

周王朝系図

武王①—成王②—康王③—昭王④—穆王⑤—共王⑥……厲王⑩……平王⑬……顕王㉟……赧王㊲

秦王朝系図

襄公①……霊公⑳……孝公㉕—恵文王㉖（＝宣太后）—昭襄王㉘—孝文王㉙—荘襄王（子楚）㉚（＝趙姫）—始皇帝（政）㉛
- 始皇帝（政）㉛—□—秦王（子嬰）㉝
- 始皇帝（政）㉛—二世皇帝（胡亥）㉜

前漢王朝系図

太祖劉邦①（＝呂太后）
- 太祖劉邦①—恵帝②
- 太祖劉邦①—文帝⑤（＝竇太后）……武帝⑦（＝陳皇后、＝衛子夫）—昭帝⑧……宣帝⑨—□—成帝⑪（＝趙飛燕・合徳、＝許皇后）

後漢王朝系図

光武帝（劉秀）①（＝光烈皇后）—明帝②—章帝③……霊帝⑫—献帝⑭

西晋王朝系図

司馬懿（宣帝）—□—武帝（炎）①
- 武帝（炎）①—恵帝（衷）②
- 武帝（炎）①—懐帝（熾）③
- 武帝（炎）①—□—愍帝（鄴）④

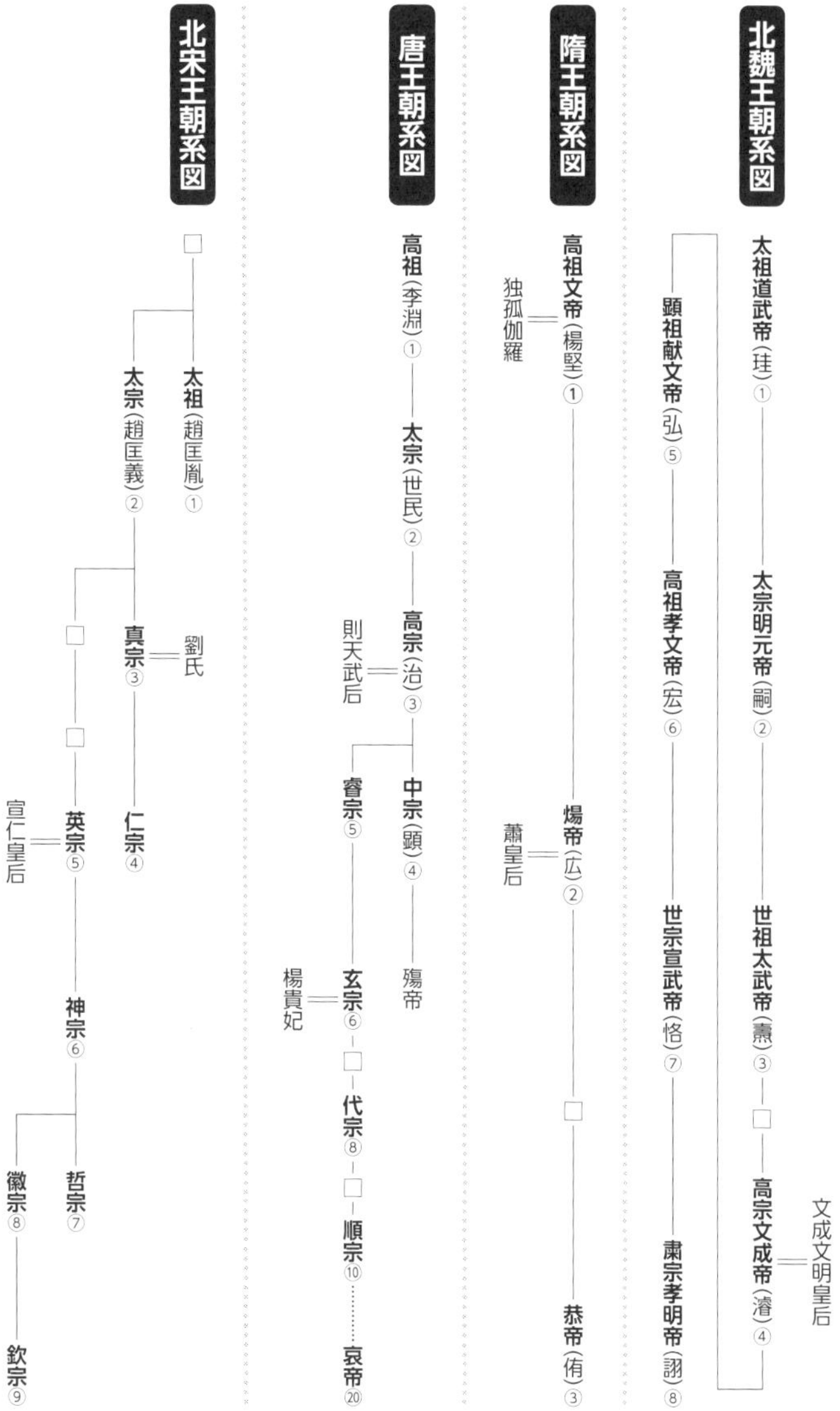
北魏王朝系図
太祖道武帝（珪）①
太宗明元帝（嗣）②
世祖太武帝（燾）③
□
高宗文成帝（濬）④
文成文明皇后
顕祖献文帝（弘）⑤
高祖孝文帝（宏）⑥
世宗宣武帝（恪）⑦
粛宗孝明帝（詡）⑧
隋王朝系図
高祖文帝（楊堅）①
独孤伽羅
煬帝（広）②
蕭皇后
□
恭帝（侑）③
唐王朝系図
高祖（李淵）①
太宗（世民）②
高宗（治）③
則天武后
中宗（顕）④
殤帝
睿宗⑤
玄宗⑥
楊貴妃
□
代宗⑧
□
順宗⑩
哀帝⑳
北宋王朝系図
□
太祖（趙匡胤）①
太宗（趙匡義）②
真宗③
劉氏
仁宗④
□
□
英宗⑤
宣仁皇后
神宗⑥
哲宗⑦
徽宗⑧
欽宗⑨

南宋王朝系図

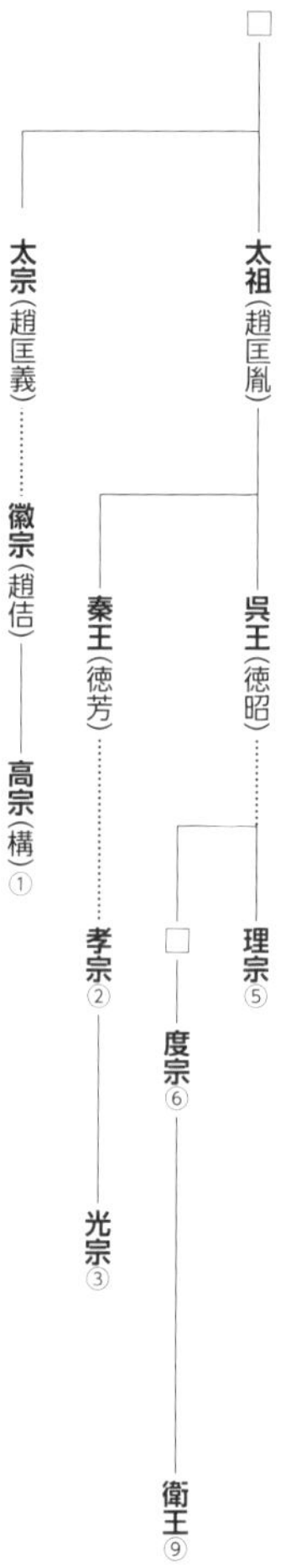
□
太祖（趙匡胤）
太宗（趙匡義）
呉王（徳昭）
秦王（徳芳）
徽宗（趙佶）
高宗（構）①
理宗⑤
孝宗②
□
度宗⑥
光宗③
衛王⑨

元王朝系図

世祖（フビライ）①
チャブイ
□
□
□
成宗②
泰定帝⑥
天順帝⑦
武宗③
仁宗④
明宗⑧
文宗⑨
英宗⑤
順帝⑪
寧宗⑩

明王朝系図

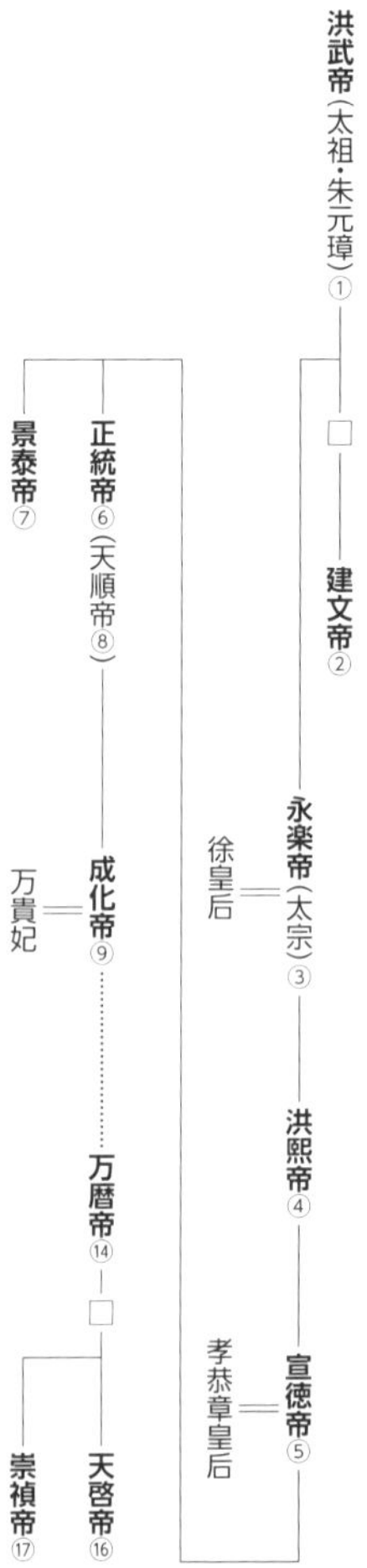
洪武帝（太祖・朱元璋）①
□
建文帝②
永楽帝（太宗）③
徐皇后
洪熙帝④
宣徳帝⑤
孝恭章皇后
正統帝⑥（天順帝⑧）
景泰帝⑦
成化帝⑨
万貴妃
万暦帝⑭
□
天啓帝⑯
崇禎帝⑰

清王朝系図

太祖（ヌルハチ）①
太宗（ホンタイジ）②
ドルゴン（睿忠親王）
順治帝③
孝献皇后
康熙帝④
雍正帝⑤
乾隆帝⑥
道光帝⑧
宣統帝（溥儀）⑪

Ⅲ

中国歴代王朝　皇帝・皇后たちの真実

殷

30代 紂王・妲己

妲己を寵愛し殷の滅亡を招いた歴史的暴君

有能な名君が変貌し殷周革命を招く

中国では、神話時代の堯《ぎょう》と舜《しゅん》、夏《か》を建国した禹王《うおう》をはじめ、殷《いん》の湯王《とうおう》、周《しゅう》の文王《ぶんおう》・武王《ぶおう》といった建国の王が、最高の聖人として讃えられている。これに対して、夏の17代桀王《けつおう》、殷の30代紂王《ちゅうおう》は、国を滅ぼした暴君の代表として「桀紂」と呼ばれる。

古代国家の殷では、王位は必ずしも世襲ではなく10の王族による交代制だったという。甲《こう》、乙《おつ》、丙《へい》、丁《てい》の4つの氏族から王を輩出し、戊《ぼ》、己《き》、庚《こう》、辛《しん》、壬《じん》、癸《き》の6つの氏族から王妃を娶《めと》ることで結束を高めていたようだ。紂王は29代帝乙《ていいつ》の末子で、帝辛《ていしん》と号されている。

紂王は非常に有能で才知に長《た》け、素手で猛獣を殺せるほど力にも優れていた。加えて美男子だったといい、名君としての素質は十分に備わっていた。実際に即位後は反乱を鎮め、祭祀を執り行いながら、異民族の奴隷など人間を生贄《いけにえ》に捧げる行為を取りやめたともいわれている。

しかし、自身が有能すぎるあまり臣下の助言を聞かず、次第に驕慢《きょうまん》になっていく。特に佞《ねい》臣《しん》を重用し、妲己《だっき》という美女を寵愛するようになると、祭祀をおろそかにし日夜宴を開いて遊興に溺れていった。妲己を喜ばせるために鹿台《ろくだい》という巨大な楼閣や庭園を造り、山海の珍味や各地の財宝を取り寄せた。庭園の池を酒で満たし、木には肉をつるし、裸の男女をかけ回らせたといわれ、度を越えた贅沢を意味する「酒池肉林」という言葉のもとになっている。

熱した銅の丸太の上を歩かせる炮烙《ほうらく》や、毒蛇やサソリを入れた穴に突き落とす蠆盆《たいぼん》という残酷な刑を考案し、その処刑姿を見て楽しんだという。

紂王の叔父にあたる箕子《きし》は、紂王の贅沢を諫《いさ》めたが聞き入れられず奴隷身分に落とされた。同じく王族の比干《ひかん》は、妲己を糾弾すると心臓を抉《えぐ》り取られて処刑された。

諸侯の有力者も次々に殺され、徳の高いことで知られる西伯《さいはく》の姫昌《きしょう》(のちの周の文王)も幽閉された。姫昌の治める周は、殷に財貨や領地を差し出すことで姫昌を釈放させたが、息子の姫発《きはつ》(武王)が後を継ぐと、軍師の太公望《たいこうぼう》を得て国力を強化し、反乱の兵を挙げた。

殷は強大な兵力を抱えていたが兵士の戦意は低く、また紂王の暴虐に不満を抱いていた諸侯もことごとく周に味方した。やがて、両軍が激突した牧野《ぼくや》の戦いで殷軍が敗れ、周軍は殷の首都であった朝歌《ちょうか》に迫る。敗北を悟った紂王は、王宮に火を放ち自殺したという。

姫発は紂王の遺体の首を斧で切断し、さらに妲己も処刑してさらし首とした。こうして殷は滅亡し、新たに周王朝がたち、姫発が初代武王となった。この王朝交代を「殷周易姓革命《いんしゅうえきせいかくめい》」という。古代中国では、王は天命を受けて地上の統治を任された天子と考えられていた。しかし、その王が徳を失うと、新たな徳の高い人物に天子の資格が与えられる。これが「革命（天命を革《あらた》める）」で、のちの時代まで王朝交代を正当化する根拠とされた。

王朝交代では、滅びた国の王は暴君として、それを倒した新王は名君として記録されがちである。夏の桀王も、末喜《ばっき》という美女を侍《はべ》らせて、肉を山のように盛った肉山脯林《にくざんほりん》を行ない、殷の湯王を幽閉したなど、紂王とそっくりなエピソードが伝えられている。どちらも新王朝の正当性を高めるために、あえて暴君として描かれたとも考えられる。実際に紂王がどこまで暴君だったのかは不明で、殷周革命とは、周とその支持者によるクーデターだったともいえる。

ファンタジー小説『封神演義』の世界

のちの明代《みん》になって、この殷周革命を題材とした娯楽小説『封神演義《ほうしんえんぎ》』が書かれている。周の軍師となった太公望・姜子牙《きょうしが》を主人公とし、殷周革命を遂行していくなかで、仙人や妖怪たちが入り乱れて戦う、現代でいうファンタジー小説のようなストーリーだ。

妲己は、変身能力を持つ千年生きた狐狸精《こりせい》で、紂王の無礼に怒った女媧《じょか》の命を受け、紂王を籠絡《ろうらく》し、殷を滅ぼすために送り込まれた刺客である。周側から殷を倒そうとする姜子牙とは目的を同じくするものの、姜子牙は地上に増えすぎた妖怪や半仙人を神に封じるという密命を受けているため敵対する。妲己を狐の妖怪とする解釈は日本にも伝わり、中国、天竺《てんじく》、日本をまたにかけた九尾の狐で、平安時代に玉藻前《たまものまえ》となって朝廷を騒がせ退治されたとしている。

『封神演義』では、姜子牙のもとに仙界一の美男子ともいえる変幻自在の楊戩《ようせん》や、三面八臂《さんめんはっぴ》の少年戦士哪吒《なた》などが加わり、崑崙山《こんろんさん》の十二仙も味方する。ちなみに楊戩は二郎真君《じろうしんくん》、哪吒は哪吒太子として『西遊記』にも登場し、孫悟空《そんごくう》と戦っている。これに対して殷には、第三の瞳を持って軍を率いる聞仲《もんちゅう》に金鰲島《きんごうとう》の十天君《じゅってんくん》が味方し、魔家四将《まかよんしょう》や梅山七怪《ばいざんしちかい》といった妖怪たちが集結する。彼らは宝貝《ぱおぺえ》と呼ばれる特殊な武器やアイテムを用い、四不象《しふぞう》や玉麒麟《ぎょくきりん》、五色《ごしき》の神牛《しんぎゅう》といった霊獣にまたがって戦う。その戦いは人智を超えた妖術合戦といえる。

この『封神演義』は日本でも90年代からコミック・アニメ・ゲーム化されて有名になったが、中国でもたびたび映画化・ドラマ化されている。特に２０００年以降は、ＶＦＸなども導入し、よりファンタジー色が強くなっているのが特徴だ。

妲己は中国史上有数の悪女だが、美女の代名詞でもあり、時代ごとの人気女優が演じるのが定番である。２００６年のドラマ**『封神演義』**では、当時まだ若手女優だった女優のファン・ビンビンが抜擢《ばってき》され、トップ女優となった２０１６年には、映画**『封神伝奇　バトル・オブ・ゴッド』**で、さらに妖艶さに磨きをかけた姿で妲己を演じた。２００７年のドラマ**『封神演義　逆襲の妲己』**では、台湾女優のルビー・リンが、キュートで悪辣《あくらつ》な妲己を熱演している。

周 5代 穆王

在位55年で法を整備し後世に伝説を残した

周の地盤を固め神馬で千里を駆ける

殷滅亡後に興《おこ》った周は、周公旦《しゅうこうたん》をはじめ召公奭《しょうこうせき》や畢公高《ひっこうこう》といった有能な摂政が王を補佐し、安定した政権を築く。周の統治に不満を持った諸侯の反乱も、親征により平定していた。

周の5代穆王《ぼくおう》は、名を姫満《きまん》といい、父の4代昭王《しょうおう》が南征中に行方不明になったことで即位する。穆王は世の乱れを正すため、『呂刑《りょけい》』と呼ばれる刑法を定めるなど法整備に力を入れた。しかし、3000にものぼる罪状の多さに、諸侯や民衆の反発を買ってしまう。「穆」という字には、「過ちを犯した」という意味もあり、周は穆王の時代からゆるやかに衰退していく。ただし、在位期間は55年にも及んでおり、周代の最盛期とする意見もある。

また、穆王には特別な馬に乗って中国全土を巡ったという伝説が残されている。晋《しん》代に発見された『穆天子伝《ぼくてんしでん》』では、穆王八駿《ぼくおうはっしゅん》と呼ばれる駿馬に引かせた戦車で中国全土を巡り、西の崑崙山で女神の西王母《せいおうぼ》に対面したというのだ。帰還後は、盛姫《せいき》という美人を寵愛したという。

穆王八駿は、土を踏む間もない「絶地《ぜっち》」、鳥を追い越す「翻羽《ほんう》」、一夜で5000キロ走る「奔霄《ほんしょう》」、自分の影を追い越す「越影《えつえい》」、光よりも速い「踰輝《ゆき》」と「超光《ちょうこう》」、雲に乗って走る「騰霧《とうむ》」、翼のある「挟翼《きょうよく》」の8頭である。常識では考えられない速さのため、犬戎討伐《けんじゅう》や東の徐《じょ》の偃王《えんおう》の反乱鎮圧など、積極的に親征をくり返したことを例えたものと考えられる。

穆王の后妃《こうひ》の名は、王俎姜《おうそきょう》と伝えられている。盛姫という美人が側室なのか実在したのかは不明である。しかし、記録の少ない周の歴代王のなかで、『穆天子伝』のような伝説が残されているというだけでも、穆王は際立った存在といえるだろう。

建国の殷周革命の時代をのぞき、周代を描いたドラマは多くない。しかし、2017年の『**私が大王!? 愛しいあなたは我が家臣**』は、5代穆王の時代をモデルにしている。

女料理人の妲喜《だっき》が、ひと目ぼれした侍衛《じえい》に会うために宮女となって王宮に潜入。城壁を登ろうとしていたところ、通りかかった姫満の上に落ちてしまい、心と体が入れ替わってしまう。見た目は姫満なのに中身は妲喜の王は、臣下である侍衛にアプローチし周囲を困惑させ、妲喜となった姫満は宮女たちの赤裸々な会話に右往左往。どうすれば元に戻れるのか相談しているうちに、次第に好意を寄せていくという軽めのラブコメディだ。ヒロインの妲喜は創作上の人物である。男女入れ替わりモノの低予算ウェブドラマとはいえ、舞台を穆王の時代に設定したのは斬新といえる。

晋 趙武

家名を再興しのちの趙建国の礎を築く

「趙氏孤児」の説話を生んだ晋の政権争い

紀元前8世紀頃、周の弱体化により独立勢力が生まれ、中国は春秋《しゅんじゅう》時代を迎える。現在の山西《さんせい》省を拠点とした晋《しん》は、献公《けんこう》の時代に17国を攻略し、38国を服属させるなど領土を拡大させた。しかし、晩年の献公は愛妾の驪姫《りき》に操られ、驪姫の生んだ子を王位につけるために太子を殺害し、その弟である重耳《ちょうじ》と夷吾《いご》が国外に脱出する事態を招いた。

そのうちの重耳に仕えたのが趙《ちょう》氏である。献公の死後、兄弟間の争いを制した重耳の王位継承を助けた。重耳は晋の文公《ぶんこう》となり、斉《せい》の桓公《かんこう》と並んで春秋五覇《ごは》に数えられる名君となった。その功績により趙氏は代々宰相《さいしょう》を務めるが、他の家臣からは妬《ねた》まれた。そして、文公の孫にあたる景公《けいこう》は、讒言《ざんげん》を信じて趙氏一族を皆殺しにしてしまう。

唯一の生き残りが、景公の姉で趙氏に嫁いでいた荘姫《そうき》であった。荘姫は身ごもっており、生まれた子は趙氏の食客《しょっかく》だった公孫杵臼《こうそんしょきゅう》と程嬰《ていえい》により密かに入れ替えられた。そして公孫杵臼が抱いていた偽の子を処刑させ、本物は程嬰が育て、15年後に景公と対面させた。この子どもが趙武《ちょうぶ》である。景公は甥《おい》でもある趙武を召し出して趙氏を再興し、讒言したものを誅殺した。

復讐を遂げた趙武はその後宰相となり、周辺国との講和を成立させるなど晋の柱石として活躍する。一方で趙武を育てた程嬰は、趙氏の再興を見届けた後、義に殉じて自害した。

『史記《しき》』にはこのように記されるが、異説もある。『春秋左氏伝《しゅんじゅうさしでん》』では、母の荘姫が密通し、それを夫に咎《とが》められたことを恨んで弟に「趙氏が謀反をたくらんでいる」と讒言したことが、趙氏滅亡の原因だとしている。こちらでは、趙武は荘姫によって育てられる。

中国では『史記』の記述が広く知られ、趙武の復讐劇は元代に「趙氏孤児」として舞台化された。その後は京劇の人気演目にもなり、日本でも小説化されている。

2011年には、**『運命の子』**の題名でチェン・カイコー監督により映画化され、2013年にはドラマ**『天命の子~趙氏孤児』**が放送されている。いずれも趙武を育てる程嬰を主人公としており、ドラマでは**『三国志~司馬懿　軍師連盟~』**で司馬懿《しばい》を演じたウー・ショウポーが程嬰役となって国内で数々のドラマ賞を受賞。さらに、国際エミー賞の最優秀男優にもノミネートされた。荘姫は香港の人気女優チェリー・インが、趙武はワン・ユーが演じる。

春秋時代末期になると晋は弱体化し、趙、魏《ぎ》、韓《かん》の3国に分裂する。趙は趙武の7代子孫趙籍《ちょうせき》(列侯)の代に晋から独立した国で、のちに戦国七雄に数えられる大国となる。

呉——夫差・西施

覇王目前に美女に籠絡され越王勾践に敗れる

「臥薪嘗胆」の故事を生んだ熾烈な戦い

春秋時代は、東周《とうしゅう》で細々と命脈を保つ周に代わって、諸侯が覇を競う戦乱の時代となった。そのなかでも激戦をくり広げたのが中国南東部に興った呉《ご》と越《えつ》である。ともに長江下流域の辺境国だったが、紀元前5世紀には、南の大国の楚《そ》を圧倒するまでに成長した。しかし、両国は父祖以来の仇敵として、23年にわたって争いをくり返すことになる。

きっかけとなったのが、呉王闔閭《こうりょ》の敗死である。闔閭は楚から亡命してきた将軍の伍子胥《ごししょ》と、兵法家の孫武《そんぶ》(孫子《そんし》)を起用して軍備を固めると、合戦の末に楚の都を陥落させた。ところが、国を留守にしている間に越に攻め込まれ、やむなく兵を引く。

闔閭は伍子胥や孫武が止めるのも聞かず越に攻め込んだが、越王勾践《こうせん》とそれを補佐する范蠡《はんれい》の策略に敗れ、戦場で矢を受けてしまう。傷が悪化した闔閭は、息子の夫差《ふさ》を次の王に指名すると、勾践への恨みを忘れず仇《かたき》を討つように遺言して絶命した。

新たに呉王となった夫差は、父の遺言を毎朝家臣にくり返させ、毎晩堅い薪《まき》の上に寝ることで、痛みを復讐心に変えた。そして、国力を蓄えると越に攻め込み、勾践を捕らえることに成功した。伍子胥は命乞いする勾践を殺すよう進言したが、夫差は馬小屋の番人として辱《はずかし》めた。

越では捕らわれた王を救うために范蠡らが策を講じ、夫差の側近を買収し、伍子胥の反対を退けて勾践を釈放させた。帰国した勾践は、呉で受けた屈辱を忘れないため、部屋に苦い肝をつるし、毎日それを嘗《な》めては復讐を誓った。

勾践が富国強兵に努める間、夫差は中原《ちゅうげん》に進出して覇者になろうと出征をくり返した。越を警戒すべきと主張する伍子胥とも次第に不仲になり、越の工作による讒言を信じて伍子胥に剣を贈って自害させてしまう。孫武の行方は不明だが、夫差を見限り隠遁《いんとん》したともいう。

父の代からの功臣を失い、夫差を諫めるものはいなくなり、呉の国力は低下した。そして国力を蓄えた越に攻め込まれて大敗し、紀元前473年に呉は滅亡する。

滅亡にさいして夫差の家臣が命乞いをし、それを憐れんだ勾践は、殺害を主張する范蠡の反対を押し切って辺境への流罪で済ませようとした。しかし、夫差はこれを受けず「伍子胥にあわせる顔がない」と、目を布で巻き、自ら首をはねて死んだ。

夫差と勾践の因縁は、のちに「臥薪嘗胆《がしんしょうたん》（薪の上で臥《ふ》し、胆を嘗める）」の故事成語となり、目的のために努力を惜しまないという意味で使われている。また、仲の悪い呉人と越人も、同じ舟に乗って嵐に遭えば助けあうことから、対立するもの同士が協力することを「呉越同舟《ごえつどうしゅう》」というようになった。この言葉は、孫武が書いたとされる兵法書『孫子』に記されている。

呉越の戦いに利用された絶世の美女

勾践と腹心の范蠡は、夫差の油断を誘うために様々な策を講じた。財宝を差し出して従順を装いながら、佞臣を買収し、伍子胥など有能な臣下を夫差から遠ざけるよう讒言させた。その策のひとつに、越国の美女を夫差に贈って籠絡させる「美人の計」がある。

勾践は、越国の美女を選りすぐって夫差に贈ったが、その美女のなかでも際立った存在が西《せい》施《し》である。本名を施夷光《しいこう》といい、紹興酒《しょうこうしゅ》で有名な紹興の生まれと伝えられる。施夷光の生まれた村には、東西に施姓の家があったことから、村の西側に住む施夷光は西施と呼ばれた。

西施は評判の美人で、川で洗濯をしていると、あまりの美しさに魚が引き寄せられ、泳ぎを忘れて川に沈んでしまうと噂された。また、胸に持病を抱えており、時々胸が痛むと胸元に手をあてて眉をひそめた。その姿がはかなげで艶やかだとして、人々はもてはやした。

一方、村の東に住む娘は東施《とうし》と呼ばれたが、あまり器量は良くなかった。東施は西施の真似をしてよく眉をひそめたが、かえって醜くなり人々が逃げ出してしまった。このことから「ひそみにならう東施」という言葉が生まれ、「ひそみにならう」は、人真似をして物笑いの種になることを意味するようになった。現在は、先人のやり方を踏襲する場合にも使われる。

この西施の美しさに目をつけた范蠡は、宮中で西施に礼儀作法を学ばせ、17歳で呉に送った。果たして夫差はすぐに西施に夢中になり、政務を顧《かえり》みなくなった。

越の作戦は見事に成功し、呉の滅亡と夫差の死により戦いは終わった。しかし、越に戻った西施には悲劇が待っていた。今度は、勾践が夫差のように西施に夢中になることを警戒され、生きたまま皮袋に入れられ長江に沈められてしまったのだ。その後、長江ではハマグリが採れるようになり、中国ではハマグリを「西施の舌」と呼ぶようになったという。

西施は、悲劇の美女として、中国四大美女のひとりに数えられる。明代には戯曲「浣紗記《かんしゃき》」として、崑劇《こんげき》の代表的な演目になった。そこでは、西施は范蠡と恋仲であったが越のために呉に送られ、戦後は范蠡とともに越を離れて暮らしたとし、ハッピーエンドで終えている。

ドラマ化作品でも、多くは「浣紗記」をもとにしている。2007年の『**復讐の春秋 ～臥薪嘗胆～**』では、台湾女優のアン・アンが西施を演じた。2012年の『**女たちの孫子英雄伝**』では、范蠡と相思相愛でありながら呉に送られた西施が、優しい夫差にも心惹かれていく三角関係が描かれる。様々な時代劇で活躍するインアルが、揺れ動く西施の女心を表現する。

一方、武侠《ぶきょう》小説で有名な金庸《きんよう》も、『越女剣《えつじょけん》』という短い作品に西施を登場させている。こちらでの西施は、范蠡を巡り架空のヒロイン阿青《あせい》と三角関係になっている。

秦 25代 孝公

商鞅とともに秦を法治国家とした中興の祖

秦を強国に押し上げた君臣の二人三脚

春秋時代に乱立して覇を競っていた諸侯は、戦国時代を迎えると7ヵ国に集約され「戦国七雄」と呼ばれる。秦《しん》は9代穆公の頃に領土を拡大し、春秋五覇のひとりに数えられたが、穆公の死後は暗君が続いて没落した。もともと西の辺境として西戎《せいじゅう》の蛮族と同等とみなされていた秦は、諸侯の会盟にも呼ばれず、隣国の楚と魏から圧力を受けていた。

25代孝公《こうこう》は、弱小国に落ちた秦を建て直した中興の祖といえる。孝公はもとの名を嬴渠梁《えいきょりょう》といい、即位すると天下に広く人材を求めた。それに応じてやってきたのが商鞅《しょうおう》である。もともと衛《えい》の公族で衛鞅と呼ばれたが、孝公より商に領地を与えられたため商鞅と呼ばれる。はじめは魏に仕えたものの重用されず、秦を訪れて孝公と面会を果たした。

孝公とはじめて対面したとき、商鞅は帝の道を説いたが、孝公は興味を示さなかった。次に王の道を説いたが反応は悪かった。そこで覇者の道を説くと興味を示し、数日間も議論に熱中し、商鞅に全幅の信頼を置くようになったという。

商鞅の主張は、法によって信賞必罰を徹底する法家思想にあった。商鞅の改革には反対意見も続出し、孝公も最初は躊躇したが、商鞅は「疑行は名なく、疑事は功なし(信念を持たず疑心暗鬼のままでは名声も功績も得られない)」と説得して改革を断行した。この改革は「変法《へんぽう》」と呼ばれ、農地改革から組織改革、野蛮な風習の撤廃、軍の再編など多岐にわたる。

新しい「法」は、最初は庶民にも伝わらなかったが「大木を南門から北門に運べば褒美を与える」と布告を出し、面白半分に木を移動させたものに実際に褒美を与えた。また、法を犯した貴族を厳格に処罰したことから次第に浸透し、秦の国力は増大していった。

こうして秦は、魏を圧倒するまでに成長する。しかし、強引な法の施行は、特権階級である貴族からは嫌われた。太子の嬴駟《えいし》(後の恵文王《けいぶんおう》)も、自身の側近が法を犯して処罰されたことから商鞅に恨みを抱いていた。そして、孝公が死去すると商鞅への不満が噴出し、26代恵文王が即位すると、商鞅に罪を着せて討伐し、死体を車裂きの刑にかけた。ただ、商鞅の変法はそのまま残され、秦は戦国時代の最強国となる。

2009年放送の『**大秦帝国～QIN EMPIRE～**』は、人気小説のドラマ化で原作者の孫皓暉《そんこうき》が脚本を担当した、孝公と商鞅の改革を描く大河ドラマだ。そこでは、孝公の妹である熒玉《けいぎょく》が、公女でありながら魏に潜入して商鞅と出会い、のちに秦に戻って夫婦となっている。

秦 26代 恵文王・宣太后

連衡で秦の領土を大幅に拡大し王を名乗る

弁舌で乱世を渡る縦横家の活躍

秦の孝公の太子であった嬴駟は、父の死後に即位し、14年後の紀元前324年には王を名乗り、秦の26代恵文王と呼ばれる。即位後に、恨みを抱いていた商鞅を粛清したが、商鞅の変法はそのまま残したことから秦の国力はますます増大し、周から貢物が贈られるほどだった。

商鞅がいなくなった後、恵文王は魏国出身の張儀《ちょうぎ》を右腕とした。張儀は謀略家の鬼谷子《きこくし》に学んだ縦横家《じゅうおうか》である。縦横家とは、弁舌によって諸侯を説得する外交交渉の達人で、諸子百家のひとつにも数えられる。かつて窃盗の疑いをかけられて暴行を受けた張儀は、袋叩きにされても「舌さえ無事ならいい」と豪語したほどである。

紀元前4世紀の戦国七雄は、秦とそれ以外という1強6弱の状態となった。そこで、張儀と同門だった縦横家の蘇秦《そしん》は、趙・韓・魏・斉・燕《えん》・楚の6ヵ国が同盟して秦に対抗する「合従《がっしょう》」策を提唱。各国を説得して同盟を成し遂げると、6ヵ国すべての宰相にまでなった。張儀を秦に行くように仕向け、秦の侵略を内側から止めるよう画策したともいわれる。

張儀はこれに対して、秦がそれぞれ個別に6ヵ国と同盟を結ぶ「連衡《れんこう》」策を用いて、6ヵ国同盟を瓦解《がかい》させた。秦への脅威から同盟を結んだ各国も、それぞれ主導権を巡って争い、互いに国境を接する場所では諍《いさか》いを起こすなど問題を抱えていた。張儀はこれを煽って相手を疑心暗鬼に陥らせ、強国の秦についたほうが有利だと誘導したのである。

実際に、紀元前318年には、5ヵ国の連合軍が秦に侵攻し、異民族の義渠《ぎきょ》もこれに参戦した。しかし、連合軍の足並はそろわず、恵文王の異母弟である樗里疾《ちょりしつ》が指揮をとる秦軍に函谷《かこく》関《かん》で進軍を阻《はば》まれ、8万人もの死者を出す大敗を喫している。

2年後には、秦の背後(南西部)にある巴蜀《はしょく》の地を併呑《へいどん》し、広大な穀倉地を得るとともに長江上流を押さえ、下流にある楚にも優位な立場となる。張儀は、巴蜀攻略には反対したというが、紀元前312年には、策略によって楚が秦を攻撃するように仕向けて返り討ちにしている。さらに楚の漢中《かんちゅう》に攻め入って陥落させると、漢中郡を設置した。その他にも魏・斉・韓などを攻略しており、臣下として最高位となる相国《しょうこく》に任じられている。

紀元前311年に恵文王が没すると、太子であった嬴蕩《えいとう》が27代武王《ぶおう》に即位する。武王は自身が力自慢であったことから武断に傾きやすく、謀略を得意とする張儀を嫌っていた。武王と張儀の確執が伝えられると、諸国は再び秦から離れて合従するようになる。そして、粛清を恐れた張儀も、魏に亡命して病没してしまう。
その後、武王は大軍を動員して韓の宜陽《ぎよう》を攻略する。しかし、激戦に勝利したものの、秦側の被害も甚大なもので、国力の大幅な低下を招くことになった。

王亡き後キングメーカーとなった宣太后

恵文王の后として知られるのが、恵文后《けいぶんこう》と宣太后《せんたいこう》である。秦では隣国の楚の公女を后として迎えており、恵文后は魏姓で、宣太后は羋《び》姓である。楚王室の姓は羋だが、王族でも身分は低かったようだ。長男の武王を生んだ恵文后が正室で、宣太后は八子という側室の扱いだった。

宣太后も、のちに28代昭襄王《しょうじょうおう》となる公子稷《しょく》をはじめ3人の子を生んだが、公子稷は外国に人質に出された。恵文王には他にも、公子壮《そう》や公子雍《よう》といった庶子《しょし》がいたという。

紀元前307年、力自慢の武王が、孟説《もうせつ》という大力の持ち主と鼎《かなえ》の持ち上げを競い、脛骨《けいこつ》を折って死んでしまうという事件が起きる。武王にはまだ子がなかったため、庶子ながら兄弟のなかで最年長だった公子壮を後継者として推す声が強くなる。

しかし、宣太后は我が子を王にするため、趙の武霊王《ぶれいおう》の力を借り、燕に人質に出されていた公子稷を呼び戻す。そして、異父同母弟の魏冄《ぎぜん》や、同父母弟の羋戎《びかい》の工作により、稷が即位して昭王《しょうおう》(昭襄王)となった。ただ、昭王がまだ成人に達していないことから、宣太后が後見人となり、魏冄が相国、華陽君《かようくん》となった羋戎が左丞相《さじょうしょう》として実権を握った。

昭王の即位した翌年、後継者争いに敗れた公子壮が反乱を起こし、公子雍や恵文后までもが公子壮を支持した。ところが、反乱はすぐに鎮圧され、反昭王派は一掃される。恵文后も捕らえられて処刑され、武王の正室であった武王后も故郷の魏に追放された。

これにより宣太后と魏冄、羋戎の3頭体制が確立し、彼らは三貴《さんき》と呼ばれて秦の政権を掌握した。魏冄は将軍としても有能で、秦の領土拡大に貢献した。しかし、昭王は政治に一切の口を出せず、領土拡大による利益は宣太后一族に独占された。

一説によれば、宣太后は昭王の即位後、祝賀に訪れた義渠の戎王《じゅうおう》と関係を持ち、2人の子をもうけたともいう。のちに戎王を密かに秦に招いて殺してしまうなど、政治家としての冷徹さもあったが、複数の愛人を抱えていたようだ。

『ミーユエ　王朝を照らす月』（6ページ）では、恵文后と宣太后は異母姉妹という設定になっており、正室として別の魏夫人が登場する。一方、孝公の時代を描いた**『大秦帝国』**の続編にあたる**『大秦帝国　縦横～強国への道～』**が2012年に制作されている。ただ、前作で脚本も担当した原作者の孫皓暉が降板したため、原作や前作とは別の脚色が加えられている。秦を強国に押し上げる恵文王と張儀の活躍を中心に描くが、恵文后が魏夫人であったことから魏の出身とされ、宣太后は楚の王族の末裔である羋八子《びはっし》として登場する。

秦 28代 昭王・唐八子

王権を取り戻して周を滅ぼした戦神

范雎と白起を得て故事に名を残す

秦の28代昭王は、昭襄王とも呼ばれる。その治世は55年にも及ぶが、前半は傀儡《かいらい》の王に甘んじた。若くして即位したことから、母の宣太后と叔父にあたる魏冄、羋戎の三貴に実権を握られていたのである。のちには弟である涇陽君《けいようくん》と高陵君《こうりょうくん》が加わり、宣太后を除いた四貴と呼ばれている。四貴の住む屋敷は、王の暮らす王宮よりも豪華だったという。

ただ、魏冄は外交にも戦争にも功績を立て、昭王も罷免《ひめん》することはできなかった。むしろ、魏冄がいなくなると政治が立ち行かなくなるため、引退した魏冄を呼び戻して再任するということをくり返すしかなかった。特に、武将の白起《はくき》が登用されると、秦は対外戦争で連戦連勝し、ますます精強になって余計に口出しできなくなった。

そんな昭王の悩みを解決したのが、魏から秦に渡ってきた范雎《はんしょ》だ。范雎は昭王に謁見すると、遠い斉や趙と結んで、隣の魏や韓を攻めるべきという「遠交近攻」策を説いた。さらに范雎は、王よりも強大な存在は、王権にとって有害であると指摘した。

そこで昭王は、紀元前265年に宣太后を廃位し、魏冄を追放して実権を取り戻す。范雎を宰相とし、武安君《ぶあんくん》に封じた白起を大将とすると、秦はさらに勢力を拡大する。そして紀元前256年、秦はかろうじて命脈を保っていた周朝を滅亡させるほど強大になった。

昭王の正室としては葉陽后《ようようこう》がいたが、早逝《そうせい》している。その後は側室の唐八子《とうはっし》を寵愛し、公子柱《ちゅう》が生まれている。この公子柱が、のちの秦の始皇帝の祖父にあたる29代孝文王《こうぶんおう》である。

日本の漫画『キングダム』では、秦の始皇帝の曾祖父として、昭王の偉大な面が強調されている。しかし、史書においては、趙が持つ財宝の「和氏の璧《かしのへき》」を得るために圧力をかけ、使者の藺相如《りんしょうじょ》にやりこめられる、「怒髪天を衝く」「完璧」の逸話や、斉の孟嘗君《もうしょうくん》を捕らえようとして、泥棒や鶏の鳴きまねをする食客の活躍で取り逃がしてしまう「鶏鳴狗盗《けいめいくとう》」の故事など、むしろ悪役として描かれる。強大な秦は、他国にとっては脅威であった。秦以外の国に昭王を出し抜いた逸話が残るのは、それだけ恐れられる存在だったことの裏返しともいえる。

中国ドラマでは、**『ミーユエ 王朝を照らす月』**や、**『大秦帝国 縦横～強国への道～』**で、若き日の昭王が登場する。さらに2017年の**『大秦帝国』**シリーズ第3弾**『昭王～大秦帝国の夜明け～』**では主役となり、その生涯が全編にわたって描かれる。また、**『コウラン伝 始皇帝の母』**（8ページ）では、カリスマ性を高めた晩年の姿で登場する。

秦

30代 荘襄王・趙姫

人質生活から秦王に返り咲いた始皇帝の父

「奇貨」として呂不韋から愛妾まで譲り受ける

昭王の後を継いだ29代孝文王は、53歳で即位したものの、在位わずか3日で死去してしまう。太子の安国君《あんこくくん》としての期間が長かった孝文王には、20人以上の子がいた。そのなかから次の後継者に選ばれたのは、側室の夏姫《かき》との間に生まれた嬴異人《えいいじん》である。

異人は母の夏姫が安国君からの寵愛を失い、捨て駒同然の扱いで敵対する趙に人質に出されていた。趙での扱いもひどく、日々の生活費にも事欠く有り様だった。そこに、たまたま異人を見かけた商人の呂不韋《りょふい》が目をつけた。呂不韋は異人を「奇貨居《きかお》くべし（珍しい品なので、今手に入れれば後で値上がりする）」と、自分から援助を申し入れた。

呂不韋の支援により身なりを整えた異人は、趙でも認められるようになっていく。その間に呂不韋は秦に赴き、安国君の正妃である華陽夫人に面会した。楚の公女から秦に嫁いだ華陽夫人は、安国君から寵愛を受けるも、子どもには恵まれなかった。そこで呂不韋は、庶子の誰かが安国君の後を継げば、子のいない華陽夫人は冷遇されるだろうと吹き込んだ。そして、嬴異人が華陽夫人を実の母のように慕っており、養子にとって後ろ盾になるように薦めたのだ。

こうして華陽夫人は異人を養子に迎え、安国君の後継者にすえたのである。異人は華陽夫人に気に入られるために、夫人の故郷である楚の衣服を着て、名も子楚《しそ》に改めた。

さらに呂不韋は、子楚に求められて自分の愛妾であった趙姫《ちょうき》をも差し出している。そして、子楚と趙姫の間に生まれたのが、のちに秦の始皇帝となる嬴政《えいせい》だ。ただ、趙姫が呂不韋の愛妾だったことから、政の本当の父親は呂不韋ではないかという疑惑が後々までつきまとう。

やがて秦と趙の間で争いが起きると、呂不韋は子楚だけを密かに秦に逃がした。取り残された趙姫と政は、趙で苛烈な迫害を受ける。しかし、孝文王となった安国君がすぐに亡くなり、子楚が後を継いで30代荘襄王《そうじょうおう》となると、驚いた趙王は2人を秦に送り届けた。

荘襄王は華陽夫人を太后、趙姫を正妃、政を太子とし、恩人である呂不韋を丞相に迎えて厚遇した。そして、在位3年で没し、嫡子の政が13歳で秦王に即位する。

荘襄王の后となった趙姫は、『史記』などでは淫婦とされる。荘襄王亡き後も呂不韋と関係し、さらに偽宦官《かんがん》の嫪毐《ろうあい》を後宮に引き入れて子どもを2人もうけ、嫪毐がクーデターを起こすと幽閉された。ドラマでもこの説の通りに描かれることが多いが、2019年の『**コウラン伝 始皇帝の母**』では、野心のために呂不韋と共闘する新たな趙姫像が描かれている。

秦 始皇帝

暴君とされるも15年で中国を統一

陰謀渦巻く王宮を生き抜き覇道を進む

のちに秦の始皇帝となる嬴政は、趙で生まれたことから趙政とも呼ばれる。父の荘襄王が趙姫と政を置き去りにしたまま秦に戻ったため、趙での暮らしは過酷なものだった。

やがて秦に戻され31代秦王となるが、幼少であったため最高職の相国となった呂不韋の後見を受ける。呂不韋は政から仲父《ちゅうほ》（叔父上）と呼ばれたが、母の趙姫と密通しており、さらに嫪毐という男を宦官と偽って後宮に入れて趙姫の相手をさせていた。趙姫と嫪毐の間に2人の子が生まれると、嫪毐の子を王位に就けようとクーデターが起きる。政はこれを鎮圧し、嫪毐と子どもを処刑。母を追放処分とし、呂不韋にも蟄居《ちっきょ》を命じた。幼少期の迫害や、母の愛情を得られなかったことは、政の人格形成に大きな影響を与えたといえる。

22歳で呂不韋を排除した政は、ようやく親政を開始する。荀子《じゅんし》から性悪説を学んだ李斯《りし》や、『韓非子《かんびし》』を記した法家の韓非、兵法家の尉繚《うつりょう》などを登用し、法治国家として支配体制を整える。

そして紀元前236年より積極的に外征を行ない、中国の統一事業に突き進む。

秦では王翦《おうせん》・王賁《おうほん》の父子をはじめ、桓齮《かんき》、楊端和《ようたんわ》、羌瘣《きょうかい》、李信《りしん》、蒙恬《もうてん》といった武将が活躍し、まず紀元前230年には韓を滅ぼす。その2年後には、長年争ってきた趙を攻略する。生まれ育った趙都の邯鄲《かんたん》に入った政は、かつて自分たちを迫害したものを生き埋めにして帰還した。

大国の趙が滅亡すると、小国の燕では政を暗殺するために荊軻《けいか》という刺客を放った。荊軻は秦に逆らい燕に亡命していた樊於期《はんおき》の首を手土産に王に謁見し、政に接近したところを短刀で斬りかかった。しかし、後一歩のところで及ばず、政の剣で斬り捨てられる。

燕の丹王《たんおう》は、かつて趙でともに人質を経験した間柄だった。親しかった丹に裏切られた政の怒りは凄まじく、燕に苛烈な攻撃を行ない王を逃亡させる。その間に魏と楚が滅ぼされ、紀元前222年には遼東《りょうとう》まで逃れていた燕も滅亡。翌年、最後に残った斉も滅ぼされ、政は15年の間に戦国七雄の秦以外の国をすべて滅ぼした。即位26年目、39歳で中国統一を達成したのだ。

政は自身の尊称を始皇帝とし、その後の後継者は二世皇帝、三世皇帝とすることを定めた。権力を皇帝ひとりに集中させた結果、民に過酷な労役や重税を課し、壮麗な王宮としての阿房《あぼう》宮《きゅう》、北方を守るための初期の万里の長城、死後の陵墓となる始皇帝陵など、数々の大型事業を進めた。また、中国統一の翌年から領内の巡幸《じゅんこう》をはじめ、紀元前219年には東方の泰山《たいざん》において封禅《ほうぜん》を行なっている。封禅とは周代に行なわれていた天を祀《まつ》る儀式で、天命を受けた天子だけが行なえるとされた。ただ、500年以上行なわれていなかったため、正式な儀式のやり方は失われていたともいう。巡幸は4度行なわれたが、始皇帝の巡幸のために道が整備され、各地への往来が容易になると同時に、皇帝の権威を世間に示すこととなった。

その後、始皇帝は神仙思想に傾倒し、不老不死を考えるようになる。怪しげな方士を側に置くようになり、不老不死の霊薬を求め、徐福《じょふく》という方士を東方の蓬萊《ほうらい》に向かわせたという。この徐福が日本を訪れたという伝説が、日本各地に伝わっている。

やがて始皇帝は、4度目の巡幸中に病となり、紀元前210年に沙丘《しゃきゅう》(現在の河北《かほく》省)において崩御した。一説には不老長寿の効果があるとして水銀を服用していたともいうが、死因は定かではない。享年50で、中国統一後10年がすぎていた。

名前の残らなかった始皇帝の后妃たち

始皇帝の后妃については、歴史書にも記録がない。20人以上の公子がいたとされるため、側室の数も多かったと考えられる。人質として、他国から送られた公女も少なくなかったようだ。ただ、始皇帝が崩御すると、後宮で子どものいないものはすべて殉死させられた。

公子で名前の残るのが、長子の扶蘇《ふそ》と、末子の胡亥《こがい》である。始皇帝は死の直前に宦官の趙《ちょう》高《こう》を呼び、扶蘇を後継者に指名した。しかし、趙高がこれを握りつぶして胡亥を二世皇帝に即位させた。そして、扶蘇を自害させると、残りの公子も殺してしまったという。

扶蘇も胡亥も母の名は不明だが、ドラマでは始皇帝が愛した女性をどう描くかがポイントとなる。始皇帝の覇業を描いたドラマは数あるが、チャン・フォンイーが始皇帝を演じた2001年の『**始皇帝烈伝 ファーストエンペラー**』では、若き日のファン・ビンビンやチャン・ジンチューが、架空の側室役で出演している。2009年の『**始皇帝　勇壮なる闘い**』は、中国統一後に匈奴《きょうど》対策として行なった秦直道建造を軸に描く。胡亥の母としてツォン・シャン演じる玉娘《ぎょくじょう》が登場し、のちに始皇帝の養女となる魏霊児《ぎれいじ》をヤン・ミーが演じる。

2017年の『**麗姫と始皇帝〜月下の誓い〜**』は、架空のヒロイン麗《れい》を巡る始皇帝と荊軻との三角関係が描かれる。主人公の麗をウイグル出身のディリラバ、始皇帝をチャン・ビンビン、荊軻をリウ・チャンと、美男美女をそろえているのが特徴である。始皇帝と荊軻の三角関係というモチーフは古く、1998年の日中米仏合作映画『**始皇帝暗殺**』でも、コン・リー演じる架空のヒロイン趙姫《ちょうき》(始皇帝の母とは別)が、始皇帝を愛しながらも荊軻に暗殺を依頼している。

2020年放送の『**大秦賦**』は、『**大秦帝国**』シリーズの完結編といえ、子役からチャン・ルーイーまで、3人の俳優が始皇帝を演じる。こちらでは、モデル出身のキキが楚の公女である羋《び》華《か》を演じ、扶蘇の母として描かれる。また、始皇帝の正妃を斉の公女としており、ジョジョ・チェンが演じる。始皇帝の寵愛は出身国の安全を左右するため、女性たちの争いも熾烈《しれつ》だ。

秦 項羽・虞姫

無敵を誇るも四面楚歌に陥った西楚の覇王

京劇でも伝えられる虞美人との愛

中国歴代の最強武将を決めようというとき、必ず名前が挙がるのは項羽《こうう》である。羽は字《あざな》で本名は籍《せき》という。項氏は代々楚の将軍を務めた名家であり、若き日の項羽は「学問など名前が書ければ十分で、万人を相手にするものを学びたい」と兵法を学んだ。また、巡幸中の秦の始皇帝を見て「あの男に取って代わるべし」と豪語したという。8尺2寸（約190センチ）の大男で怪力を持ち、重瞳（ひとつの眼球に瞳がふたつある）であったともいわれている。

秦末期、圧政に耐えかねて各地で反乱が勃発する。項羽は滅亡した楚の王族を立てて挙兵し、劉邦《りゅうほう》などの反秦勢力と連合して秦を滅ぼした。その戦いぶりは、20万の大軍を討ち破り、降伏した敵兵も生き埋めにする苛烈なものだった。先に秦の都に入った劉邦が命を助けた秦王も処刑し、王宮の財宝も兵士に略奪させている。

戦後は富と権力を独占し「西楚《せいそ》の覇王」を名乗り、旗印としていた楚の王も殺害した。項羽に不満を持った諸侯は、人望の高い漢王《かんおう》の劉邦に接近し、やがて楚漢戦争が始まる。当初は、兵力で劣りながらも戦巧者の項羽が優勢であった。しかし、傲慢《ごうまん》で疑い深い項羽のもとからは次第に人が離れ、紀元前202年に行なわれた「垓下《がいか》の戦い」で大敗北を喫してしまう。

この戦いでは項羽軍を包囲した劉邦が、兵たちに項羽の故郷である楚の歌を歌わせた。これを聴いた項羽は、味方である楚の兵までが劉邦に下ったのかと嘆く。このことから、周囲を敵に囲まれて逃げ場がないことを「四面楚歌《しめんそか》」というようになった。

項羽は別れの宴を開き「力は山を抜き、気は世を蓋《おお》う、時利あらず騅逝《すい》かず、騅逝かざるをいかんせん、虞《ぐ》や虞や汝をいかんせん」と詩を詠んだ。騅とは項羽の愛馬、虞とは項羽の寵姫であった虞美人（虞姫）のことだ。勢力を誇りながらも劣勢となり、愛馬の騅も進まずどうしたらいいのか、ましてや愛する虞美人をどうしたらいいのかと悲嘆にくれた詩である。

その後、項羽は包囲を突破して長江の目前まで逃げたが、故郷に帰っても面目が立たないと悟って自害した。虞美人は、項羽との別れの際に自害したとも、生き延びて生涯項羽を想い続けたともいわれるが、自害したとする説が主流となっている。

項羽と虞美人の別れは、京劇の悲恋物語『覇王別姫』として人気演目となった。項羽と劉邦の戦いを描いたドラマや映画でもクライマックスシーンのひとつであり、2012年の『**項羽と劉邦 King's War**』では、のちに悪女役で人気となるリー・イーシャオが虞姫を演じた。

前漢―太祖（劉邦）・呂太后

天下を統一も家庭は顧みず正妻の恨みを買う

辛苦を味わい最初の三大悪女となった呂太后

項羽との楚漢戦争を制し、始皇帝に続いて天下統一を果たしたのが劉邦だ。若い頃から俠《きょう》客《かく》と交わり、始皇帝の行列を見た際には「大丈夫はかくのごとくなりたい」とつぶやいたという。沛《はい》県という小さな村の役人になったが、あまり仕事熱心ではなかった。

やがて、反乱軍として旗揚げしたものの、当初は兵も少なく弱小勢力だった。しかし、昔から人望の厚かった劉邦のもとには次々と有能な人材が集まる。天才軍師の張良《ちょうりょう》、補給と後方支援の蕭何《しょうか》、「国士無双」と呼ばれた将軍の韓信《かんしん》ら、家臣に支えられた劉邦は、劣勢を跳ね返して「垓下の戦い」で項羽に勝利する。そして新たに漢王朝を建て、初代皇帝となったのだ。

家臣の諫言《かんげん》も聞き入れ、信望を集めた劉邦だったが、家庭人という意味では失格といえる。

劉邦の妻は呂雉《りょち》といい、もとは大商人の呂氏の娘だった。しかし、まだ役人だった頃に父が劉邦の人相にほれ込んだため嫁がされる。呂雉は劉邦の父の畑仕事を手伝い、貧しいながらも立派に子どもを育てたが、劉邦は遊俠の徒と遊んでばかりだったという。楚漢戦争では義父とともに項羽の人質となるが、劉邦は父や妻の危機にもかかわらず項羽と対立。しかも、項羽軍に追われて逃れる際には、馬車を軽くするために呂雉との間に生まれた子どもを投げ捨てている。子供たちは家臣の夏侯嬰《かこうえい》が救出し、呂雉は劉邦と項羽が一時講和した際に戻された。

皇帝となった劉邦は、呂雉を皇后に、一度は捨てた長子の劉盈《りゅうえい》（のちの2代恵帝《けいてい》）を皇太子とした。しかし、劉邦は数多くの愛妾を抱え、温和な劉盈よりも庶子を次期皇帝に推す意見も多くなった。この継承争いで、呂雉は我が子と自身の一族の権利を守るために奔走する。

そして劉邦が没して皇太后となった呂雉は、かつて劉邦が寵愛した側室とその子を次々に粛清した。なかでも皇太子の有力候補だった趙王と、その生母の戚《せき》夫人への恨みは凄まじかった。呂太后は趙王を殺害し、戚夫人の両手足を切断し、目と耳と声を潰し、厠《かわや》に打ち捨てて人豚と呼んだという。母の残酷な仕打ちにショックを受けた恵帝は早逝したが、呂太后は恵帝の子ふたりを皇帝とし自身が実権を握り、要職は呂氏が独占することとなる。

数々の残虐行為とその後の独裁により、呂太后は中国三大悪女に数えられる。ドラマや映画での呂雉役は、美しさに加え気丈さや冷酷さの表現も必要で、１９９４年の映画『**項羽と劉邦／その愛と興亡**』ではコン・リーが演じた。また、２０１２年には映画『**項羽と劉邦 鴻門《こうもん》の会**』と、ドラマ『**項羽と劉邦 King's War**』のどちらも女優のチン・ランが演じハマり役となった。

前漢 5代文帝（劉恒）・竇太后

粛清を逃れて即位し「文景の治」で統治は安定

食べきれないほど倉庫を満杯にした父子の功績

専横を極めた呂太后の死後、陳平《ちんぺい》や周勃《しゅうぼつ》といった建国の功臣たちはクーデターを起こし、呂氏一族を一掃する。そして、新皇帝に選ばれたのが、劉邦の庶子で最年長である劉恒《りゅうこう》だった。5代文帝《ぶんてい》と追号されるが、呂太后が即位させた前少帝と後少帝を数に入れず3代皇帝とする説もある。劉恒の母の薄姫《はくき》は、あまり美しくなく劉邦からの寵愛も薄かった。息子の劉恒も辺境の代王《だいおう》とされたが、そのために呂太后の粛清と迫害を免れていた。

身を謹《つつし》んで清廉さを保つことで呂氏の迫害から身を守ってきた文帝は、即位後も質素倹約に努め、宮中で楼閣を新設しようという計画も、無駄な出費だと中止させた。体を傷つける刑罰（肉刑）は斬首と去勢のみを残し、鼻削ぎや足斬りなどの残酷なものは廃止している。また、農業を振興し、たびたび減税を行なっている。この方針は息子の6代景帝《けいてい》の代になっても受け継がれ、2代にわたる善政は「文景《ぶんけい》の治《ち》」と呼ばれ、前漢の最盛期となった。倉に納めた食料が、食べきれずに腐ってしまうほど豊かだったともいわれる。

６代景帝の母竇猗房《とういぼう》はもとは呂太后の侍女だったが、正妃を亡くした劉恒に下賜《かし》された。劉恒が皇帝に即位すると、竇猗房の生んだ劉啓《りゅうけい》が皇太子、竇猗房が皇后となる。晩年に失明して文帝の寵愛は衰えたが、紀元前１５７年に文帝が崩御して息子が景帝となると皇太后になった。ただ、竇太后は景帝よりもその弟の梁王《りょうおう》を偏愛しており、景帝との関係は良好とはいえなかった。しかも梁王が若くして病死すると、「皇帝が我が子を殺した」と食事もとらなくなる。そこで娘の館陶公主《かんとうこうしゅ》が、梁王の遺児に領地を与えるよう景帝に進言して慰めたという。

紀元前１４１年に景帝が崩御し、景帝の子のなかから10男の劉徹《りゅうてつ》が次の皇帝に選ばれて７代武帝《ぶてい》となった。すでに皇太子であった長兄をさしおいての即位は、竇太后の意向が強く働いたとされる。16歳で即位した武帝は、成人するまで竇太皇太后の後見を受けた。

文帝と景帝の時代は、善政により安定していたゆえに、のちに「呉楚七国の乱」が起きる以外はドラマ性が少ない。そのため、劉邦や武帝を主人公とする作品では脇役となりがちである。

ただ、２０１０年の『**美人心計～一人の妃と二人の皇帝～**』は、劉恒と竇猗房のロマンスが中心だ。呂太后の侍女となった杜雲汐《とうんせき》は、皇太子の劉盈（恵帝）に愛されるも、呂太后により竇猗房と名を変えて劉恒への刺客となる。しかし、劉恒にも愛されて皇后になるというストーリー。竇皇后を台湾のルビー・リン、劉恒を香港のサミュル・チャンが演じてヒットした。

前漢 7代武帝(劉徹)・陳皇后 衛子夫

漢の最大版図を築くも老害化で混乱を招く

中央集権と積極的外征で皇帝の権威は磐石

7代武帝となった劉徹は、景帝の10男だという。皇太子に長兄の劉栄《りゅうえい》がいたが、劉栄の母は景帝の姉にあたる館陶公主と不仲で、公主は自分の娘と結婚した劉徹を皇太子にしようと画策。やがて劉栄に代わって皇太子にたてられ、祖母の竇太皇太后の後援を受け即位した。

即位当初はまだ16歳だったため、実権は竇太皇太后に握られていた。紀元前135年に竇太皇太后が死去すると、21歳となった武帝はようやく親政を開始する。

すでに「文景の治」により国庫には十分な蓄えがあり、諸侯王の反乱は「呉楚七国の乱」で封じられていた。武帝はさらに中央集権化を進め、諸侯王が領地を子弟に分け与えることを許可し、諸侯王を分裂縮小させた。代わって全国を13州に分け、州長官としての刺史《しし》を中央から派遣して統治させた。これにより、全土が皇帝の直轄領となる郡県制に移行する。

また、儒者の董仲舒《とうちゅうじょ》の意見を受けて、それまでの道教思想から、儒教中心の体制に転換していく。官吏《かんり》の教育機関として五経《ごきょう》（『詩経《しきょう》』、『書経《しょきょう》』、『礼記《らいき》』、『春秋《しゅんじゅう》』、『易経《えききょう》』）を学ぶ太学《たいがく》を創設し、五経博士を置いた。さらに地方の有力者に官吏候補者を推薦させる「郷挙里選《きょうきょりせん》」を行ない、各地から有能な人材を集めている。

こうして内政を整えた武帝は、太祖《たいそ》の劉邦でさえ断念した匈奴《きょうど》の討伐を開始する。将軍の衛青《えいせい》とその甥の霍去病《かくきょへい》の活躍により、匈奴との戦いに勝利すると、タリム盆地一帯を制圧して西域《せいいき》と呼んだ。西域からは珍しい果物や美術品の他、汗血馬《かんけつば》と呼ばれる名馬が流入して軍備が強化された。さらに西域からヨーロッパまでつながる交易路が開かれ、中国産の絹を輸出したことから、のちにシルクロードと呼ばれるようになる。南では南越国《なんえつ》（ベトナム）を支配下に治め、東では朝鮮半島に漢四郡を置いた。武帝の時代に漢の版図《はんと》は大きく広がった。

外征の出費は莫大なものだったが、塩・鉄・酒を専売することで利益を得た。さらに地方の余った物資を徴収して、不足する地方に転売する均輸法、豊作のときに国が買い取り、凶作時に売り出す平準法を施行し、通貨として五銖銭《ごしゅせん》を発行した。

はじめて元号を定めたのも武帝で、紀元前140年の建元《けんげん》を元年とし、その後も何度か改元を行なっている。元号を定めるのは、皇帝が時間をも支配すると考えられていたためで、武帝の威勢は磐石《ばんじゃく》となった。この頃から皇帝の他に、「天子」の称号も復活する。天子は周の時代に使われていた称号で「天意を受けて地上を支配するもの」を意味する。一方で皇帝は「人々に認められた地上の支配者」で、武帝は天からも人々からも認められた最高権力者となった。紀元前110年に、泰山《たいざん》で秦の始皇帝以来となる封禅を行ない、天に自身の功績を報告した。

しかし、封禅を行なった後の武帝は次第に神仙思想にとりつかれる。怪しげな方士を側に置き猜疑心も強くなり、諫言したものを容赦なく処刑するようになった。

高齢の武帝が病気がちになると、その原因が巫蠱《ふこ》という呪術によるものと噂されるようになる。皇太子の劉拠《りゅうきょ》にも疑いの目が向けられ、やむなく挙兵して討伐された「巫蠱の禍《か》」事件も起きている。のちに劉拠が無実だったことが判明し、武帝は激しく後悔したものの、その5年後の紀元前87年に69歳で死去した。皇位は末子の劉弗陵《りゅうふつりょう》が継承し8代昭帝《しょうてい》となった。

武帝を名君にも暴君にも変えた皇妃たち

武帝の在位期間は54年に及び、その生涯は2004年のドラマ『**漢武大帝**』で詳細に描かれている。そこには、武帝の寵愛を受けた皇后や寵姫も多数登場する。在位期間が長いことから、寵愛する后妃も変わるが、それが武帝の人生にも大きな影響を与えている。

最初の妻は叔母の館陶公主の娘で、いとこにあたる陳《ちん》皇后である。しかし、陳皇后との関係は冷えきっており、姉の平陽《へいよう》公主のもとで歌妓をしていた衛子夫《えいしふ》を寵愛するようになる。

これに嫉妬した陳皇后は、衛子夫の弟の衛青を拉致監禁し、衛子夫を呪い殺そうとした罪で廃位された。実際には、陳皇后に子ができず、祖母の竇太皇太后と、母の館陶公主の影響力を背景に、武帝にも強い発言権を持つ陳皇后を排除したかったためと考えられる。

次に皇后に立てられた衛子夫は、武帝との間に1男3女をもうけている。この1男が、のちに皇太子となる劉拠である。衛子夫の弟の衛青は、北方で奴隷のように扱われ、陳皇后に監禁されるなど苦難を体験していた。しかし、姉の衛子夫が武帝の寵愛を受けると、北方の地理に詳しいことから武将に引き立てられ、匈奴との戦いで活躍し大将軍にまでなる。また、姉の子にあたる霍去病も西域で活躍し、武帝の勢力拡大に貢献した。衛子夫のサクセスストーリーは2013年のドラマ『**賢后 衛子夫**』（10ページ）で詳細に描かれる。

ただ、ドラマでは描かれなかった衛子夫の最期は悲惨なものといえる。武帝は晩年、王《おう》夫人や李《り》夫人、趙氏といった側室を寵愛するようになる。そのなかでも李夫人は「傾国《けいこく》（美しさで国を傾ける）」と呼ばれたほどの絶世の美女で、武帝の寵愛を一身に受けた。兄の李延年《りえんねん》や李広利《りこうり》も要職に就いたが、皇子を生むと間もなく病に陥り死去してしまう。

武帝の悲しみは深く、道士に死んだものの姿を映し出す「反魂香《はんごんこう》」を焚かせて李夫人の影に見入ったという。これが武帝が神仙思想に傾倒し、老害化する契機となった。やがて、皇太子の劉拠が「巫蠱の禍」で誅殺されると、母である衛子夫も自害し一族は処刑された。武帝が猜疑心を強めた結果、かつて陳皇后が廃されたのと同じ理由で、衛子夫も皇后を廃されたのである。

前漢 8代 昭帝（劉弗陵）／9代 宣帝（劉病已）

外戚の霍光の補佐を受け王朝を建て直す

15歳で未亡人となり宣帝を擁立した上官皇太后

8代昭帝は、武帝が崩御するとわずか8歳で次の皇帝に即位する。昭帝の母は鉤弋《こうよく》夫人といい、武帝晩年に寵愛を受けたが、昭帝が即位する際、外戚《がいせき》の専横を未然に防ぐために殺害されている。しかし、結局は外戚による専横を招くことになる。

幼い昭帝を補佐したのが、衛子夫の甥で霍去病の異母弟の霍光《かくこう》と、将軍の上官桀《じょうかんけつ》である。そして、皇后となったのは、霍光と上官桀の孫娘にあたる上官皇后だった。しかし、霍光が重用されるようになると上官桀との関係が悪化し、上官桀は昭帝の廃位を計画したことが露見して処刑される。上官一族で生き延びたのは、霍光の孫でもあった上官皇后だけであった。

その後は霍光による専横が続くが、政策自体は善政といえるものだった。昭帝のもとで、霍光は武帝時代に疲弊した財政を建て直し、塩・鉄・酒の専売制を緩めて民に富を還元した。ところが、昭帝は急病に倒れ、21歳の若さで亡くなってしまう。当時15歳だった上官皇后との間にまだ子はなく、霍光は昭帝の甥を皇帝に立てるも、素行不良を理由にすぐに廃位とした。

新たな皇帝となったのは、かつて「巫蠱の禍」で命を落とした皇太子劉拠の孫にあたる劉病《りゅうへい》已《い》である。病已は庶民の身分に落とされて民間で暮らしていたが、上官皇太后の裁可を受けて9代宣帝《せんてい》となった。実際には、上官皇太后の祖父である霍光の意向によるものといえる。

宣帝には、平民時代に結婚した許平君《きょへいくん》という妻がいた。宣帝が即位すると皇后となったが、慎ましく上官皇太后を敬い、賢后として慕われた。しかし、第2子出産時に女医から渡された薬を飲んで急死してしまう。次の皇后には霍光の末娘の霍成君《かくせいくん》を迎えたが、じつは許皇后の死は、霍一族による陰謀だったことが発覚する。霍光の死後、宣帝は霍一族を粛清し霍成君を廃位した。その後、新たに王皇后を迎えたものの、寵愛することはなかったという。

私生活では事件が続いた宣帝だが、民間で育ったことから、不正や汚職を厳しく取り締まり、民の生活を安寧に導いた。名君として知られ、のちに「前漢中興の祖」と讃えられている。

2013年製作のドラマ『**雲中歌～愛を奏でる～**』は、昭帝から宣帝へと移る時代が舞台となる。美人女優アンジェラベイビーの初主演作であり、架空のヒロイン雲歌《うんか》の勘違いにより、のちの昭帝と宣帝とが、雲歌を巡る三角関係をくり広げる。昭帝役のルー・イー、宣帝役のチェン・シャオ、さらに雲歌を見守る孟珏《もうかく》役のドゥ・チュンと、タイプの違う美男子から愛情を注がれるヒロインが、宮中での陰謀に巻き込まれていく様がスリリングだ。

前漢 11代成帝（劉驁）・許皇后 趙飛燕 趙合徳

酒色に溺れて政務を顧みず前漢滅亡へと導く

後宮で暗躍した趙飛燕姉妹の波瀾の人生

11代成帝《せいてい》は、9代宣帝の孫にあたる。父の10代元帝《げんてい》は儒教に深く傾倒し、心配した宣帝が廃太子を考えたほどだが、成帝となる劉驁《りゅうごう》が生まれたことで取りやめた。しかし、元帝は儒教の理想を重視しすぎて現実的ではない政策を行ない、政治は混乱。成帝の母である王皇后の一族と宦官による専横を招く。宣帝の頃の霍光は政治家としては辣腕だったが、以後の外戚は要職を独占し私腹を肥やす存在となり、やがて王一族の王莽《おうもう》による簒奪《さんだつ》へとつながる。

政治的実権のなかった成帝は酒色を好み、お忍びで長安《ちょうあん》の城内で遊び歩くこともあったという。成帝の正后は許《きょ》皇后で、宣帝の最初の妻で祖母である許平君の血縁者だった。成帝は皇太子時代から許氏ひと筋で、側室などにはまったく目を向けなかった。世継ぎができないことを心配した重臣から諫言されたほどである。しかし、年齢とともに許皇后は寵《ちょう》を失っていく。

代わって成帝に取り入ったのが、長安で歌妓をしていた趙飛燕《ちょうひえん》である。中国では豊満な美女の代表を唐代の楊貴妃《ようきひ》(玉環《ぎょっかん》)、スリムな美女の代表を趙飛燕とし「環肥燕痩《かんぴえんそう》」という。趙飛燕に夢中になった成帝は、母の王皇后(太后)の反対を押し切って許皇后を廃位し、趙飛燕を新たな皇后に立てた。さらに趙飛燕の妹の趙合徳《ちょうごうとく》も側室として迎え入れたという。

成帝の寵愛を受けた趙姉妹は、成帝と側室との間に皇子が生まれると、密かに殺害して成帝の寵愛が他に移るのを防いでいた。趙飛燕が寵愛を失っても、趙合徳がそれを引き継いだ。

ところが、成帝は紀元前7年に突然死してしまう。死因は腹上死とも、精力剤の過剰摂取ともいわれるが、同床していた趙合徳に疑いの目が向けられた。趙合徳は自殺して真相は明らかにされず、趙飛燕は成帝の甥にあたる哀帝《あいてい》の即位を後援して皇太后となる。しかし、のちに成帝の皇子を殺害していたことが発覚し、皇室の実権を握る王莽に降格させられ、自殺した。

趙姉妹の成功と衰退は、のちに『趙飛燕外伝』にまとめられている。史書ではなく小説だが、皇帝の寵愛を巡る女同士の争いと赤裸々な性描写で、平安時代には宮中の女性たちに愛読された。紫式部の『源氏物語』は、『趙飛燕外伝』に影響を受けたといわれる。

2015年のドラマ『**皇后的男人(こうごうのおとこ)~紀元を越えた恋~**』は、趙飛燕により廃位に追い込まれた許皇后の側近が、現代にタイムスリップしてヒロインと出会い、現代と過去を往復するファンタジーロマンスである。もともとは韓国の時代劇『**イニョン王妃の男**』のリメイクだが、舞台を成帝の時代に置き換え、史実を巧みに織り交ぜているのがポイントだ。

後漢　初代光武帝(劉秀)・光烈皇后

滅亡した漢王朝を再興した名君は妻も賢后

嫉妬深い皇后に代え憧れのマドンナを皇后に

紀元8年、外戚として朝廷の実権を握った王莽が、わずか2歳の孺子嬰《じゅしえい》より禅譲を受ける。実質的には簒奪だが、王莽は国号を新《しん》と改め、ここに漢王朝は滅亡する。

しかし、王莽は時代錯誤な政策で混乱を招き、さらに飢饉により各地で農民反乱が相次ぐ。なかでも、眉を赤く塗った赤眉《せきび》軍と、湖北《こほく》省の緑林《りょくりん》山を根拠とする緑林軍が勢力を拡大。紀元23年には長安を占領し、王莽も殺害されて新は15年で滅亡した。

この緑林軍のなかで、将軍として活躍したのが、のちに光武帝《こうぶてい》となる劉秀《りゅうしゅう》である。劉秀は、6代景帝の子孫で、緑林軍に加わると巧みな軍略で新軍を撃破。王莽打倒に貢献したが、終戦後に同族の劉玄《りゅうげん》(更始帝《こうしてい》)が即位すると、人気の高い劉秀は危険視されて地方に飛ばされる。

ところが、更始帝が赤眉軍に殺されたため、部下や有力豪族から人望の厚い劉秀が新たな皇帝に推された。劉秀は即位の要請を3度断ったが、ついに根負けして即位したという。以後、新に滅ぼされるまでの漢王朝を前漢《ぜんかん》、再興された漢王朝を後漢《ごかん》という。また、光武帝が都を長安から東の雒陽《らくよう》(洛陽)に移したため、中国では前漢を西漢《せいかん》、後漢を東漢《とうかん》ともいう。

光武帝は、地方を転戦していた頃に有力豪族の郭聖通《かくせいつう》を妻に迎えており、即位すると皇后に立てた。しかし、じつは郭聖通よりも前に陰麗華《いんれいか》という女性を妻としていた。陰麗華は劉秀の故郷では評判の美女で、挙兵前の劉秀も「仕官するなら執金吾《しつきんご》、妻を娶らば陰麗華(官職につくなら都を防衛する執金吾、妻にするなら陰麗華がいい)」ともらしたと伝えられる。やがて、緑林軍の将軍として名を高めた劉秀は、晴れて陰麗華を妻に迎えていたのだ。

陰麗華は慎ましい性格で、光武帝が即位すると郭聖通に皇后位を譲った。しかし、郭皇后のわがままに手を焼いた光武帝は、郭皇后を廃位してしまう。そして新たに陰麗華を皇后に迎え、陰麗華の生んだ劉荘《りゅうそう》が2代明帝《めいてい》となった。光武帝の存命中も崩御後も、陰麗華は質素に暮らし、自分の一族を要職につけず、むしろ廃位された郭皇后の一族を優遇した。中国史上最も優れた皇后のひとりに数えられ、死後は光武帝と並んで光烈《こうれつ》皇后と号されている。

2016年製作の『**秀麗伝～美しき賢后と帝の紡ぐ愛～**』は、陰麗華と劉秀のロマンスと、即位後の宮廷バトルが描かれる。原作は人気小説の『秀麗江山』で、麗華が男装して劉秀と共闘するなど、より行動力のあるヒロイン像となっている。主演のルビー・リンはプロデューサーも務め、若手実力派のユアン・ホンを光武帝役に起用している。

後漢 14代 献帝（劉協）・伏皇后 曹皇后

帝位を譲るも天寿を全うした後漢最後の皇帝

流浪の末に謀反にも巻き込まれながらもふたりの皇后を愛す

後漢最後の皇帝・献帝《けんてい》となる劉協《りゅうきょう》は、生後すぐに母を失い祖母に育てられた。父の霊帝《れいてい》が崩御すると異母兄の劉弁《りゅうべん》が即位したが、都で実権を握った董卓《とうたく》により廃位され、当時7歳の劉協が新たな皇帝にされる。兄の劉弁は弘農王《こうのうおう》となり、正式な後漢皇帝には数えられていない。

董卓の独裁に反発した各地の太守が連合して都に迫ると、董卓は献帝を連れて洛陽から長安に遷都《せんと》した。ところが、董卓は部下の呂布《りょふ》に殺され、各地の太守は独立して群雄割拠する。献帝は董承《とうしょう》などの側近に伴われ、命からがら長安から洛陽へと戻った。

荒廃した洛陽で、献帝を保護したのが曹操《そうそう》である。曹操は群雄のひとりだったが、献帝を自身の本拠地である許《きょ》（許昌《きょしょう》）に迎えて実権を握り、献帝の権威を背景に諸侯に号令をかけて勢力を拡大する。献帝の側近も徐々に排除され、献帝は董承や同じ劉氏を名乗る劉備《りゅうび》などに曹操の暗殺を命じた。しかし、事前に計画が発覚して一派は処断される。曹操を恐れた献帝は皇位を譲ろうとしたが、曹操は魏王となったのみで皇位は辞退したという。ただ、曹操が死んで息子の曹丕《そうひ》が後を継ぐと、周囲からの圧力が高まる。そして、220年には曹丕に禅譲し、後漢としては195年、前漢の劉邦から数えれば約400年続いた漢王朝は滅亡した。

献帝は、長安の頃から苦労をともにした伏寿《ふくじゅ》を皇后に迎えていたが、董承の娘の董貴人を妊娠させていた。しかし、曹操の暗殺計画が発覚した際、董貴人はお腹の子もろとも処刑されてしまう。伏皇后は曹操を恐れ、朝廷の重臣であった父の伏完《ふくかん》に曹操の排除を願う手紙を書いた。この計画は実行されなかったが、のちに手紙の所在が明らかになり一族ごと処刑された。

新たな皇后となったのは、曹操の娘の曹節《そうせつ》である。曹操は娘を献帝の側室として送り込んでいたが、献帝と曹節の夫婦仲は良好だった。兄の曹丕が献帝に禅譲を迫ったとき、曹皇后は皇帝の印である伝国の玉璽《ぎょくじ》を握って放さず、抗《あらが》えないと悟ると玉璽を投げつけて嘆いたという。

『三国志演義』をベースにしたドラマ・映画では、献帝は董卓や曹操の操り人形となる傀儡皇帝でしかない。名君にも暗君にも描かれるが、完全に脇役である。2018年の**『三国志 Secret of Three Kingdoms』**(12ページ)は、献帝を主人公にすえたところが斬新といえる。

ちなみに、禅譲した後の劉協は、山陽公《さんようこう》に封じられ、平穏に暮らして54歳で死去した。曹節も劉協に従い、魏が衰退する頃まで生きた。禅譲はその後の王朝交代でも行なわれるが、実質は簒奪である。劉協のように、前王朝の皇帝が厚遇されて余生を送るのは非常に稀《まれ》である。

三国時代――曹操／劉備／孫権

女性への接し方も三者三様の三英傑

覇権を争う英雄たちの影で活躍した女性たち

後漢末期に各地で群雄割拠した勢力は、やがて曹操の魏・孫権《そんけん》の呉・劉備の蜀《しょく》という三国に集約される。この経緯はのちに小説『三国志演義』に書かれ、日本でも非常に人気が高い。

三国のなかで最大勢力を誇ったのが曹操だ。若くして機知と権謀に富み「治世の能臣、乱世の奸雄《かんゆう》」と評され、徹底した実力主義で中国の北半分を支配した。文人・詩人としても優れ、数多くの名詩を残した上、戦国時代の兵法書『孫子』を現在のような形に編纂《へんさん》している。

曹操の正室としては3人の名が伝えられる。最初の妻は劉《りゅう》夫人といい、長男の曹昂《そうこう》など3人の子を生んだが早くに亡くなった。次に正室となったのは丁《てい》夫人で、子どもができなかったため曹昂の育ての親となる。のちに曹昂が戦死すると、曹操を激しくなじって号泣したという。曹操は丁夫人を一度実家に帰したが、そのまま離縁することになった。

3人目は卞《べん》夫人で、もともとは歌妓だったが、曹丕や曹植《そうしょく》を生み丁夫人の代わりに正室となった。慎み深く倹約家で、離縁した丁夫人への敬意も欠かさなかった。のちに息子の曹丕が皇帝となると皇太后になり、死後は武宣《ぶせん》皇后と追贈されて、曹操と同じ墓に葬られたという。

正室としては3人だが、曹操にはその他にも数多くの愛妾がいて、征服した相手の妻や未亡人まで側室としている。側室も側室の生んだ子も、すべて卞夫人が面倒を見た。

呉の初代皇帝となった孫権は、父の孫堅《そんけん》、兄の孫策《そんさく》と3代にわたって江南《こうなん》に地盤を築いた。「赤壁《せきへき》の戦い」で曹操の侵攻を阻止すると、中国南東部を支配した。

孫権には皇帝になる前に、謝《しゃ》夫人と徐《じょ》夫人という正室がいた。謝夫人は早くに亡くなり、徐夫人は、嫉妬深いことを理由に廃されている。皇帝に即位すると臣下から徐夫人を皇后に立てるよう求められたが、寵愛していた歩《ほ》夫人を皇后に立てようとしたため認めなかった。しかし、歩夫人が病死したため、晩年に寵愛した潘淑《はんしゅく》が皇后となる。潘皇后は奴婢《ぬひ》の出身で機織《はたお》りをしていたが、「江東の絶色」や「神女」とも呼ばれる評判の美人だったという。

孫権には他にも側室がいて、それぞれに男子があり、長男の孫登《そんとう》が早逝すると次の後継者を決めかねた。そのため、晩年に後継者争いが起きて呉の弱体化を招いた。

『三国志演義』で主役となる蜀の劉備は、三国のなかでは最も勢力が弱い。漢王朝の末裔を名乗り、関羽《かんう》や張飛《ちょうひ》といった豪傑を従えて各地を転戦。やがて軍師に迎えた諸葛亮《しょかつりょう》より「天下三分の計」を授けられ、孫権と同盟して中国南西部を支配下に収めた。献帝が曹丕に害されたと聞くと、皇帝に即位して漢の正統後継者を主張した。

劉備は若い頃に妻子がいたようだが、名前の伝わるのは甘《かん》夫人と麋《び》夫人である。麋夫人は劉備に仕えた麋竺《びじく》、麋芳《びほう》の妹で正妻とされる。甘夫人は愛妾だが、のちに蜀の2代皇帝となる劉禅《りゅうぜん》の母だ。『演義』では、曹操に追われて荊州《けいしゅう》から江南に逃れるさいに、劉備は夫人と劉禅を置き去りにした。曹操軍に捕らえられそうになったときに、劉備の武将である趙雲《ちょううん》が劉禅を救い出したが、麋夫人は足手まといにならないように井戸に身を投げたとしている。

その後、劉備は孫権との同盟を結ぶさいに孫権の妹を妻に迎えている。現在は孫尚香《そんしょうこう》の名で知られるが、これは京劇などで使われていた名前である。『演義』では孫仁《そんじん》としているが、正史には名は記されていない。同盟のための政略結婚で、常に武装した侍女を１００人以上待機させていた。劉備が益州《えきしゅう》を獲得した際に孫権のもとに里帰りし、以後戻らなかったという。

益州を獲得した劉備は、新たに臣下となった呉懿《ごい》の妹の呉氏を妻とした。やがて劉備が皇帝を名乗ると、呉氏が皇后に立てられて穆《ぼく》皇后となる。劉禅が2代皇帝となると皇太后となり、死後は劉備の陵に合葬された。しかし、劉禅は暗愚だったために蜀は弱体化し、三国で一番最初に滅亡する。劉禅の幼名「阿斗《あと》」は、現在でも愚かな人物を指す代名詞となっている。

『三国志演義』で描かれた絶世の美女

三国の王妃・皇妃以外にも『三国志演義』には様々な女性が登場する。なかでも代表的なのが貂蟬《ちょうせん》だ。後漢の重臣である王允《おういん》の養女で「あまりの美しさに月が恥じて雲に隠れる」ほどの美女だったという。王允は、董卓とその配下である呂布を、貂蟬を巡る恋敵として仲違いさせ、呂布に董卓を殺害するよう誘導した。この王允の用いた策を連環の計という。

貂蟬は、『演義』にのみ登場する架空の美女だ。しかし、実在しないにもかかわらず中国四大美女のひとりに数えられている。２０１６年の**『三国志～趙雲伝～』**では、ウイグル女優のグーリーナーザーが貂蟬役となるなど、基本的には美女が演じる。中国の古典名作をすべて子役で再現した**『中国古典名作選』**では、貂蟬を主人公とするエピソードが取り出され、名子役のタオ・イーシーが、美少女ぶりと華麗なアクションを披露している。

また、孫権の兄の孫策の妻・大喬《だいきょう》と、その盟友である周瑜《しゅうゆ》の妻・小喬《しょうきょう》も美人姉妹として知られる。どちらも実在し、本来の姓は「橋」だったが『演義』では「喬」となっている。曹操の江南侵攻は、この二喬を手に入れるためだったといい、２００８年公開の映画**『レッドクリフ』**では、リン・チーリン演じる小喬が重要なキャラクターとなった。

三国時代を描くドラマは、時代を代表する大作となり、１９９４年の**『三国志演義』**は日本でも放送された。また、２０１０年の**『三国志 Three Kingdoms』**では、現代的な新解釈も取り入れた。いずれも英雄たちの熱い戦いが中心だが、登場する女性たちにも注目である。

五胡十六国時代

前趙初代劉曜／後燕4代慕容熙

異民族による中国北部支配で名を残した王

分裂の時代が生んだ敵国同士の禁断の恋

三国時代は、魏を乗っ取った司馬《しば》氏が立てた晋が中国を再統一したことで終わる。しかし、その後の晋は内戦により弱体化し、北方の異民族から侵入を受けて滅亡。南で再興して東晋《とうしん》となったが、中国北部に異民族が割拠する五胡十六国《ごこじゅうろっこく》時代を迎えた。

文化的にも未発達だった異民族の国では、史料が残されていないことも多い。ただ、敵味方の入り乱れていた時代だからこそ生まれるドラマもある。

2017年に放送された『**孤高の花〜General & I〜**』は、五胡十六国時代が舞台となる。晋と燕の抗争中、女諸葛と呼ばれる白娉婷《はくへいてい》は、主家の敬安王《けいあんおう》が殺され、王子の何俠《かきょう》とともに逃げ延びる。何俠と生き別れて深手を負った白娉婷は、晋の皇帝の異母弟で名将として名高い楚《そ》北捷《ほくしょう》に助けられる。楚北捷は、かつて自分の指揮する10万の大軍が白娉婷の策に敗れ、その才能と美しさに一目置いていた。一方で、白娉婷と何俠が主家の仇として復讐を誓った相手こそ、楚北捷だった。命を狙われていることを知りながら白娉婷を妻とした楚北捷だが、敵の軍師との結婚は晋と燕の両皇帝の陰謀に発展し、さらに涼《りょう》や白蘭《びゃくらん》など、他国との関係も複雑化する。ネット小説ランキングで3年連続で1位を独走した『孤芳不自賞』を原作とし、白娉婷をアンジェラベイビー、楚北捷をウォレス・チョンが演じたロマンス時代劇である

ドラマでは晋の皇帝を司馬弘《しばこう》、燕の皇帝を慕容粛《ぼようしゅく》としているが、登場人物はすべて架空だ。4〜5世紀頃が舞台と考えられるが、燕も涼も時代によって分裂しており、白蘭という国もない。完全なるフィクションだが、前王朝の皇后が敵国の皇后になった例はある。

西晋《せいしん》の2代恵帝《けいてい》の皇后となった羊献容《ようけんよう》は、晋の内紛によって何度も廃位と立后をくり返される。恵帝が死去すると未亡人となるが、漢（前趙《ぜんちょう》）の劉淵《りゅうえん》に洛陽が陥落させられたときに捕虜となる。そこで、有力将軍だった劉曜《りゅうよう》に見初《みそ》められて妻に迎えられる。のちに劉曜は漢の5代皇帝となり、国号を趙に改めると羊献容を皇后とした。

五胡十六国時代には、他にも名の伝わる皇后がいる。同時代に後趙《こうちょう》を建てた石勒《せきろく》の妻だった劉皇后は、石勒の留守中に反乱が起きると、自ら剣をとって城を守ったという。逆に、後燕《こうえん》の4代皇帝慕容熙《ぼようき》は、苻訓英《ふくんえい》という美女の虜《とりこ》になり、政務を忘れて国庫を枯渇させた。苻訓英が病死するとその棺で一緒に寝るなどの奇行が重なり、国の滅亡を招いている。各国が覇を競いあう時代、後宮では女同士の争いがあり、ときには国の命運をも左右したのである。

北魏

4代 文成帝（拓跋濬）・文成文明皇后

北魏を3代にわたって支え安定を築いたのは皇后

弱小国から盛り返し華北を統一するも内紛に揺れる

南で東晋が滅亡して宋《そう》が興った頃、北では乱立していた異民族の国から北魏《ほくぎ》が抜け出した。北魏の前身は代《だい》といい、鮮卑《せんぴ》族の拓跋《たくばつ》氏《し》が建てた国である。しかし、五胡十六国にも数えられないほどに勢力は弱く、前秦《ぜんしん》に滅ぼされて辺境に逃れていた。

4世紀末に再び建国し、初代道武帝《どうぶてい》は魏を国名とした。北魏と呼ばれるのは、三国時代に曹操が支配した魏と区別するためである。北魏は征圧した諸国の旧臣を取り込み、さらに漢人の知識層も登用して国力を高めた。そして、3代太武帝《たいぶてい》の代で華北統一を果たす。

太武帝は、北の遊牧国家を撃退して後背を安定させると、積極的に外征して匈奴の赫連勃勃《かくれんぼつぼつ》が建てた夏を滅ぼした。太武帝の正妃となった赫連皇后は、赫連勃勃の娘である。夏を降した北魏は、その勢いのまま馮《ふう》氏の北燕《ほくえん》、沮渠《そきょ》氏の北涼《ほくりょう》を滅亡させ、華北統一を成し遂げたのだ。

太武帝は平城《へいじょう》（現在の山西省大同市《だいどうし》）を都とし、北に六鎮《りくちん》（6ヵ所の軍事拠点）を置いて北方の守りとした。それまでの部族制を解体し、貴族制度を取り入れて王権を強化した。一方で道教に傾倒し、逆に寺院の腐敗と武装を批判して仏教への弾圧を強めてもいる。450年には、100万もの大軍を率い、南の宋に攻め込んで大勝したという。長江を越えることはできなかったものの、中国は本格的な南北朝時代に突入する。

ところが、宋遠征後の452年、太武帝が宦官の宗愛《そうあい》に殺されるという事件が起きる。宗愛は皇太子の拓跋晃《たくばつこう》と不仲で、たびたび太武帝に讒言を行なっており、それがショックで拓跋晃が病死してしまう。太武帝は皇太子の死を深く悲しみ、讒言した宗愛を恨んだ。そこで宗愛は、自分が処断される前に太武帝を殺そうと考えたのだった。

宗愛は太武帝の末子で南安王《なんあんおう》の拓跋余《たくばつよ》を、新たな皇帝にすえて実権を握る。拓跋余は政治に関心がなく、美食や狩猟に明け暮れ、さらに人気を取るために褒美を乱発して国庫を枯渇させた。一方で宗愛の専横にも不満を持ち、宗愛排除に動いたが逆に殺されてしまう。

そこで群臣たちは、拓跋晃の忘れ形見である拓跋濬《たくばつしゅん》を4代文成帝《ぶんせいてい》に迎えて宗愛を討った。本来なら、文成帝は5代皇帝である。しかし、4代となった拓跋余はわずか8ヵ月で殺されてしまい、南安隠王《なんあんいんおう》と号されたことから歴代皇帝に数えられず、文成帝が4代皇帝とされる。

14歳の若さで即位した文成帝は、重臣の補佐を受けながら、太武帝の行なった仏教弾圧を廃止し、むしろ先の皇帝を如来として祀った。戦いよりも内政に努め、殖産と農業振興を奨励した。ところが、名君として期待された文成帝も、25歳の若さで病死してしまう。

抜群の政治力で北魏を担った文成文明皇后

文成帝亡き後、庶子の拓跋弘《たくばつこう》が即位して5代献文帝《けんぶんてい》となる。献文帝はまだ9歳と幼かったため、文成帝の正室であった馮太后(文成文明皇后《ぶんせいぶんめい》)が後見した。北魏では皇帝の外戚が権力を握るのを防止するため、皇太子の実母は殺されるという習わしがあった。そのため、側室の生んだ子でもすべて皇后の子としていたのだ。

馮太后は、北魏に滅ぼされた北燕の皇族だった。叔母が太武帝の側室となっていたため、14歳のときに文成帝に嫁いで寵愛を受けた。文成帝が崩御して火葬に処されると、悲しみのあまり火の中に飛び込んで文成帝の遺体にとりつき、大火傷を負ったという。

ただ、優れた政治力を持ち、摂政として北魏の政権運営を担った。献文帝が成長し、皇太子の拓跋宏《たくばつこう》を生んだ愛妾が習わしより殺されると、馮太后との対立が表面化する。すると、馮太后は献文帝を排除し、5歳の拓跋宏を6代孝文帝《こうぶんてい》に立てて引き続き実権を握った。

馮太后のもと、北魏は農民に田畑を与えて収穫の一部を収めさせる「均田制」を実施して歳入を増やした。この制度はのちの王朝にも引き継がれ、日本の班田収授法のモデルになったという。また、集落ごとに戸籍や徴税を管理するものを置く「三長制」を敷き、中央と地方の財政を分離して中央集権化を進めた。儒教を推進し、人口も多く文化的にも進んでいる漢人を数多く登用した。馮太后は490年に没したが、北魏で最も安定した時代を築いたといえる。馮太后の教えを受けた孝文帝は、洛陽に都を移して北魏の最盛期を築いた。

2006年、馮太后の波乱の人生を描いたドラマ『**北魏馮太后**』が放送され、台湾出身のン・シンリンが、芯の強い馮太后を演じた。ちなみに本作では、ディズニーアニメや2020年に実写映画化された『**ムーラン**』の主人公・花木蘭《かもくらん》も登場し、馮太后とも深く関わる。そもそも『**ムーラン**』は、北魏時代に生まれた詩『木蘭辞』を原型としている。のちに『隋唐演義《すいとうえんぎ》』に挿入され、舞台を隋末に置き換えられたが、本来は北魏のドラマに登場するのが自然といえる。

2016年の『**王女未央―BIOU―**』も、馮太后をモデルとしている。こちらでは陰謀によって国を滅ぼされた北涼（北燕ではない）の王女・馮心児《ふうしんじ》が、逃亡中に李未央《りびおう》という少女に助けられる。しかし李未央が追っ手に殺されてしまったことから、未央になりすまして北魏の尚書《しょうしょ》府《ふ》に入り込む。そこで拓跋濬や拓跋余と出会ったことが、未央の運命を大きく変えていく。

このドラマは再生数230億回という驚異のヒットを記録した。未央（馮心児）を演じたティファニー・タンと、拓跋濬を演じたルオ・ジンは、本作での共演がきっかけで交際をスタートさせ、2018年に結婚している。また、台湾スターのヴァネス・ウーが拓跋余を演じ、その残酷な悪役ぶりと、ヒロインにだけ見せる弱さとのギャップでファンを虜にした。

北斉　蘭陵王（高長恭）・鄭氏

美しく有能すぎて皇帝に危険視された悲劇の王族

「仮面の貴公子」として雅楽演目にもなった蘭陵王

華北を統一した北魏だが、孝文帝以降は反乱が相次いで東魏《とうぎ》と西魏《せいぎ》に分裂する。その後、拓跋氏は排除され、高氏《こうし》の北斉《ほくせい》と宇文氏《うぶんし》の北周《ほくしゅう》が並立した。

高長恭《こうちょうきょう》は北斉の皇族で、初代文宣帝《ぶんせんてい》（高洋《こうよう》）の甥にあたる。長恭は字で、本名は粛《しゅく》という。16歳で出仕し、武将として優れた才覚を見せると、19歳で蘭陵王《らんりょうおう》に封じられた。なかでも、洛陽が北周10万の兵に包囲されたとき、わずか５００騎で救援に駆けつけて敵中突破した話が有名である。このとき、城の守兵は門を閉ざしていたが、高長恭が兜《かぶと》をとって顔を見せると門を開いたという。北斉の兵士たちは「蘭陵王入陣曲」という歌を作って高長恭を讃えた。

この逸話が「美しすぎて兵が見とれないよう、常に仮面を付けて戦った」という伝説へと変化する。逆に、高長恭自身が「女性のような顔では敵を威圧できない」と、常に仮面を被っていたという話もある。日本でも奈良時代には伝わり、雅楽『蘭陵王』が作られた。

いずれにせよ、美男子だったことは確かなようだ。史書にも「音容兼美《おんようけんび》」と記され、顔はもちろん声も美しかったという。戦い以外での性格は温和で、わずかな褒美でも臣下に分配し、4代武成帝《ぶせいてい》から20人の美女を賜ったときも、1人だけ選んで他は辞退したという。

ただ、5代後主《こうしゅ》が即位すると、絶大な人気と武功を誇る高長恭は嫉妬を受ける。高長恭は自宅に引きこもって隠遁しようとしたが、時すでに遅く573年に後主から毒を贈られ賜死《しし》させられた。高長恭を失った北斉はみるみる弱体化し、575年に北周の武帝《ぶてい》に攻め込まれると、その2年後には滅亡した。高長恭の死は、北周による華北再統一の契機となったといえる。

ところで、美男子として名高い高長恭には、鄭《てい》氏という王妃がいた。後主から毒薬が届いたさいには「いまからでも皇帝に申し開きできないでしょうか?」と泣き崩れている。また、高長恭は死に臨んで債権を焼き払い、遺産を残さなかったため葬儀もできないほどだった。鄭氏は自身の首飾りを売って葬儀を行なおうとしたが、義弟の高延宗《こうえんそう》に止められたという。

2013年製作の『**蘭陵王**』は、台湾の人気バンド五月天《メイディ》が主題歌を歌い、日本の蜷川実花《にながわみか》が美術監修を務め、主演のウィリアム・フォンはアジアのトップスターに成長した。ただ、ヒロインはアリエル・リン演じる楊雪舞《ようせつぶ》となっている。2016年の『**蘭陵王妃〜王と皇帝に愛された女〜**』では、クリスティ・チャン演じる端木怜《たんもくれい》が、蘭陵王の恋人から北周の武帝に嫁ぐという数奇な運命を描く。どちらの作品も鄭氏は脇役となっている。

隋 初代文帝（楊堅）・独孤伽羅

中国の再統一を果たし夫婦で築いた「開皇の治」

皇帝に一夫一婦制を求めた中国史上唯一の皇后

のちに隋《ずい》（初期は随）の初代皇帝となる楊堅《ようけん》は、随国王に封じられた北周の重臣だった。北斉の平定にも活躍し、娘の楊麗華《ようれいか》を4代宣帝《せんてい》に嫁がせたことで北周の実権を握る。宣帝が22歳で崩御すると7歳の静帝《せいてい》を補佐し、静帝からの禅譲という形で新たに隋を建てたのである。

楊堅は、南朝の陳《ちん》と友好関係を築きながら、法整備や制度改革、大規模な運河開拓によって国力を高めた。そして機が熟した589年に、陳に攻め込むと瞬く間にこれを殲滅《せんめつ》した。

約300年ぶりに中国全土の統一を果たした楊堅の偉業を、隣で支えたのが皇后の独孤伽羅《どっこから》である。伽羅は、大司馬《だいしば》を務める独孤信《どっこしん》の7女で、長女は北周の2代明帝《めいてい》の皇后、4女は大将軍の李昞《りへい》に嫁いだほどの名家の出身である。ちなみに4女が生んだ李淵《りえん》は、のちに隋を倒して唐の開祖となっており、独孤氏は3つの国で3人の皇后を輩出している。

14歳で楊堅の妻となった独孤伽羅は嫉妬深い性格で、結婚するときに「自分以外の女に子どもを生ませない」ことを楊堅に約束させた。一方で、非常に聡明であり、楊堅が北周の実権を握ると「猛獣に乗っているときは降りられない」と叱咤激励している。

楊堅が皇帝になってからも、朝政の内容を報告させ、その詔勅《しょうちょく》が間違っていると思えばすぐに皇帝を諫めたという。身内が不祥事を犯したときも「国家のことに私情をはさんではいけない」と処断させた。群臣にも信頼され、宮中では楊堅と並んで「二聖」と呼ばれたという。

楊堅は皇后の嫉妬を恐れ、手を付けた愛妾が密かに殺されると、馬に乗って城を飛び出し「皇帝になったのに自由がない」と嘆いたという。しかし、皇后も厳密に側室を禁止したわけではない。滅亡した陳の公女だった宣華《せんか》夫人など、不幸な身の上の女性には同情し、特別に後宮に置いている。このような性格のため、長男の楊勇《ようゆう》が多数の愛妾を抱えるのを嫌い、次男の楊広《ようこう》(2代煬帝《ようだい》)を皇太子と定めると、602年に死去した。その2年後には文帝も崩御したが、晩年の後継者選びの失敗が、国の命運を左右することになる。

男が愛妾を抱えるのが当たり前だった時代に、一夫一婦制を提唱した皇后は独孤伽羅だけだったといえる。近年、独孤皇后の潔癖な姿勢が再評価されている。2013年の『**隋唐演義~集いし46人の英雄と滅びゆく帝国~**』では登場シーンもわずかだが、2018年の『**独孤伽羅~皇后の願い~**』(14ページ)では主役となった。2019年には『**独孤皇后~乱世に咲く花~**』が放送されたが、独孤伽羅と楊堅のロマンスが中心となるなど、描かれ方も違っている。

隋

2代 煬帝(楊広)・蕭皇后

2代で国を滅ぼし史上最低の暴君として名を残す

亡国の公女から皇后となり唐代まで生きた蕭皇后

隋の文帝(楊堅)の皇太子の楊勇は、有能だが華美を好み、愛妾を多く抱えていた。これに母の独孤皇后が不満を持つと、次男の楊広は正妃の蕭《しょう》氏だけを寵愛し、品行方正に振る舞う。

しかし、これは兄に代わって自分が皇太子になるための偽装であった。兄が廃されて自分が皇太子となり、さらに独孤皇后も亡くなると楊広は豹変し、贅沢を好むようになり、なんと父の側室であった宣華夫人にも手を出そうとした。病床にあった文帝が、宣華夫人から話を聞いて廃位しようとしたところ、文帝の側近を抱きこんで暗殺したという話も伝わる。

こうして即位した煬帝《ようだい》は、長安に大興城《だいこうじょう》を建設し、民を動員して黄河と長江を南北につなぐ大運河を建設した。さらに高句麗《こうくり》をはじめ、積極的に外征を行ない浪費を重ねた。

度重なる労役と出兵により、国庫は枯渇し民衆は怨嗟の声をあげる。これに対しても、釜茹でなどの残酷刑を復活させ、反乱者や謀反人を取り締まった。やがて各地の反乱が拡大すると南に逃れたが、618年に側近の宇文化及《うぶんかきゅう》によって殺された。追い詰められた煬帝は、当初毒酒による自殺を望んだが、真綿で首を絞められて殺されたという。

歴代の皇帝には女性で身を滅ぼした例が多いが、煬帝の皇后であった蕭氏は、慎ましく穏やかな女性として伝わる。もとは、後梁《こうりょう》の公女だったが国を隋に滅ぼされ、母方の親戚に育てられた。成長した蕭氏は学問を好み、品行方正に振る舞っていた頃の楊広とはお似合いだったという。楊広が即位すると蕭皇后となり、巡幸のさいには常に同行している。しかし、煬帝の暴政が拡大すると「述志賦《じゅっしぶ》」という詩文を送り、さり気なく諫言している。

煬帝が息子とともに殺されると、かろうじて生き残った孫の楊政道《ようせいどう》を連れて反乱軍を転々とした。突厥《とっけつ》に送られると楊政道が隋王に立てられたが、その突厥も唐に討伐されて長安に戻った。ようやく落ち着いた蕭皇后は、唐の太宗《たいそう》(李世民《りせいみん》)に保護されて余生を過ごし、煬帝が殺されて29年後、81歳で死去。遺骸は煬帝の陵に合葬され、煬愍《ようびん》皇后の諡号《しごう》が贈られた。

煬帝は中国の歴史上最悪の暴君とされており、唐の建国を描いたドラマや、高句麗の活躍を描く韓国ドラマでは基本的に悪役である。小説の『隋唐演義』では、朱貴児《しゅきじ》という愛妾が登場し、蕭皇后の影は薄い。ただ、『**隋唐演義〜集いし46人の英雄と滅びゆく帝国〜**』では、蕭美娘《しょうびじょう》という皇妃が登場する。蕭美娘は隋に滅ぼされた陳の王妃で、煬帝即位への陰謀に協力しながらも、じつは隋への復讐のために反乱軍をも惑わす魔性の女として描かれる。

唐

3代高宗(李治)・武則天

中国史上最初で最後の女帝となった武則天の夫

後ろ盾を持たずに権力を掌握した豪腕の女傑

隋の煬帝が殺されると、長安を掌握した唐国王の李淵が、煬帝の孫を3代恭帝《きょうてい》に立て、その禅譲を受ける形で唐の初代高祖《こうそ》となる。李淵の次男の李世民は、乱立していた群雄勢力を平定し、後継者争いにも勝利して2代太宗となった。

3代高宗《こうそう》となる李治《りち》は、太宗の9男だった。兄たちが後継者の座を争って共倒れした結果、正妃である長孫《ちょうそん》皇后の子のなかで、残っていた李治が後継者に選ばれたのだ。即位の背景には、皇后の兄で叔父にあたる長孫無忌《ちょうそんむき》の推薦があった。高宗は凡庸で政務には関心がなく、後見人である長孫無忌が政権を担った。そして後宮では、武則天《ぶそくてん》を寵愛するようになる。

中国では武則天、日本では則天武后《そくてんぶこう》とも呼ばれるが、本名は武照《ぶしょう》という。13歳で太宗の後宮に入ると武媚《ぶび》と名づけられ、ドラマなどでは武媚娘《じょう》などとも呼ばれる。

後宮での地位は低く、また宮中で「李に代わり武が栄える」という流言が広まり、これを恐れた太宗は武照を遠ざけていたという。その間に、李治に見初められるも、太宗の後宮ということで両者は結ばれることはなかった。やがて太宗が崩御すると、側室を含めて後宮の女たちは出家したが、武照は髪を切ることを拒んで道教の道士となった。

その後、李治が高宗として即位すると、高宗の皇后となった王皇后の承認を受けて高宗の側室に招かれる。王皇后には、高宗の寵愛を受ける蕭氏に対抗するため、自分の息のかかった寵姫を送り込むという思惑があった。ところが、武照が寵愛を受けて高宗の子を生むと、思惑を超えて、王皇后も蕭氏も顧みられなくなる。さらに王皇后は、武照が生んだ子を殺した罪で刑死させられてしまう。一説には、武照が我が子を殺し、皇后に罪を被せたともいわれる。

後宮から敵対勢力を排除し、新たな皇后に立てられた武照は、凡庸な高宗に代わって政務をとりしきった。皇后や皇太后が、皇帝に代わって政務を執ることを垂簾聴政《すいれんちょうせい》という。女性である皇后が、男性の臣下と直接顔を合わせないように、御簾《みす》を垂らして上奏を聴いたことからこう呼ばれるが、あくまで皇帝の代理という立場であった。

しかし、武照は聡明で政治力にも優れており、長孫無忌を排除すると、朝廷内でも実権を握った。武照は名家の生まれではあるが、後妻の娘として生家の義兄とは折り合いが悪かった。武照が皇后となると、一族も外戚として出世したが、のちに義兄は処刑されている。

有力貴族の後ろ盾のない武照を支えたのは、狄仁傑《てきじんけつ》、姚崇《ようすう》、宋璟《そうけい》といった、主に身分の低い官吏たちだった。武媚は、閨閥《けいばつ》や家柄に寄らず、有能な人物を実力主義で抜擢した。狄仁傑は武照から「国老」と呼ばれるほど重用され、死後には公案小説の主人公としてヒーロー視された。映画『**王朝の陰謀 闇の四天王と黄金のドラゴン**』など、アクション活劇やミステリー時代劇でも常連である。姚崇も宋璟も名宰相として知られ、玄宗《げんそう》の代まで活躍した。一方で武照は、自分に忠実な宦官や寵臣を側に置き、密告を奨励する恐怖政治を行なってもいる。

683年に高宗が崩御し、息子の4代中宗《ちゅうそう》が即位すると、武照の権力は絶対となる。中宗は、自分の正妃である韋《い》皇后の外戚を頼ったが、発覚して即位55日で退位させられてしまう。代わってその弟が5代睿宗《えいそう》に立てられたが、690年には廃位させられ、以後は武照自身が皇帝に即位した。ここに中国史上初の女帝・武則天が誕生し、国号は周に改められる。武則天の治めた周は、古代王朝の周や北周と区別するため武周《ぶしゅう》と呼ばれ、唐は一度滅亡する。

武則天だけではなかった「武韋の禍」

自らを聖神皇帝と称した武則天だが、武周は1代15年で終焉を迎える。治世的には安定したものの、恐怖政治により宮中には武則天への反感が募り、反乱が多発した。それらの反乱も鎮圧されたが、晩年に病床に就くと唐への復興を求める声が大きくなる。そして、宰相の張柬《ちょうかん》之《し》により退位を促され、一度は廃位した中宗に皇位を譲り、705年に崩御した。

武則天は、中国三大悪女に数えられるが、男性社会のなかで1代で女帝にまでのぼり詰めたその政治手腕と才智は卓越したものがある。1995年に製作された『**則天武后**』は、翌年には日本でも放送されている。主演のリウ・シャオチンは、以前には同じ三大悪女を描いた『**西太后**』にも主演しており、中国を代表するカリスマ女優となっている。

中国最初の女帝は最後の女帝となったが、事はこれでは終わらなかった。即位した中宗は韋皇后を信任していたが、韋皇后は愛人を抱え、武則天と同じように女帝になることを目指していた。この計画が露見すると、韋皇后は娘の安楽公主《あんらくこうしゅ》と謀って中宗を毒殺してしまったのである。中宗の末子を殤帝《しょうてい》としたが、禅譲のための傀儡皇帝にすぎなかった。

そこで、武則天の娘で中宗の妹である太平公主《たいへいこうしゅ》が、睿宗の子である李隆基《りりゅうき》と協力して韋皇后とその一族を粛清した。李隆基は、父である睿宗を復位させて自身は皇太子となった。その後、李隆基と太平公主が主導権を巡って争い、李隆基が太平公主を殺害してようやく決着する。一連の女性たちによる政変の数々は、武則天と韋皇后の名を冠して「武韋《ぶい》の禍《か》」と呼ばれる。そして、父の睿宗の後を継いだ李隆基が、のちに名君と呼ばれる6代玄宗になる。

2013年のドラマ『**謀《たばか》りの後宮**』では、この「武韋の禍」の顚末《てんまつ》が描かれる。生きるために後宮の女官となった姉妹が、則天武后の後継者争いに巻き込まれやがては対立するようになる。主人公の姉妹は架空だが、韋皇后や太平公主によるドロドロの女の闘いは圧巻である。

唐 6代 玄宗(李隆基)・楊貴妃

唐の最盛期を築くも楊貴妃を寵愛し晩節を汚す

息子の妃を横取りするほど夢中になった豊満美女

「武韋の禍」を制して即位した玄宗は、唐の6代皇帝である。ただ、復位した中宗、睿宗の2期目を6代、8代、韋皇后の立てた殤帝を7代とし、9代皇帝に数えられることもある。

玄宗の治世の前半は、「開元《かいげん》の治《ち》」として唐の最盛期となった。2019年のドラマ『**長安二十四時**』は、架空のミステリー時代劇だが、玄宗の時代をモデルにしている。

ただ、泰平の世が続くと、次第に玄宗は政治への興味を失っていく。玄宗の正妃は王皇后だったが、皇后は廃されて多くの側室を抱えていた。玄宗と側室との間に生まれた子は、男子30人、女子29人にもなる。なかでも寵愛を受けたのは武恵妃《ぶけいひ》で、玄宗との間に7人の子を生んでいる。玄宗は武恵妃を皇后にしたいと考えたが、武恵妃が武則天の一族の出身だったことから反対され断念した。やがて武恵妃が病死すると、寂しさを埋めるために新たな寵姫を求めた。そこで選ばれたのが、のちに中国の代表的美女と謳《うた》われる楊貴妃である。

楊貴妃の本名は、楊玉環《ようぎょくかん》と伝えられる。玉環は、最初は玄宗と武恵妃の間に生まれた第18子・李瑁《りぼう》の妃であった。しかし、玄宗に見初められると玄宗の後宮に入れられ、皇后に次ぐ貴妃となった。当時の美しさの基準では、女性は豊満なほうが良いとされていた。玉環はほどよい肉づきで肌はきめ細かく、歌舞音曲に優れて物腰も柔らかく、玄宗はすぐに夢中になった。

楊貴妃のいとこにあたる楊国忠《ようこくちゅう》を宰相に、寵臣の安禄山《あんろくざん》を将軍の節度使に任命するなど特別に便宜をはかっている。それが他の群臣から反発を招き、さらに楊国忠と安禄山の権力争いの末に「安史《あんし》の乱」を招く。安史とは、安禄山とその部下の史思明《ししめい》の姓を冠したものだ。

安史の軍勢は長安にまで迫り、玄宗と楊貴妃は都から落ち延びた。しかし、逃亡中に兵士たちが乱の原因となった楊国忠と楊貴妃の処罰を求めたため、玄宗の反対を押し切って両名とも殺された。また、玄宗自身も退位を迫られ、皇太子の李亨《りきょう》（7代粛宗《しゅくそう》）に皇位を譲らされた。

玄宗と楊貴妃の物語は、のちに詩人の白居易《はくきょい》が「長恨歌《ちょうごんか》」としてふたりを偲《しの》ぶなど、後世に伝えられた。楊貴妃にまつわる伝承や伝説も多く、好物のライチを南方から長安まで早馬で運ばせた話が有名だ。日本の山口県にある二尊院《にそんいん》の五輪の塔は、楊貴妃の墓とも伝えられる。

ドラマや映画の題材となることも多く、日本では１９５５年に京マチ子主演の映画『**楊貴妃**』が上映されている。２００７年放送の中国ドラマ『**楊貴妃**』では、現代美人であるファン・ビンビンが楊貴妃を演じた。その他、日本未公開の作品もあり、その人気はいまでも根強い。

唐 8代 代宗（李豫）・沈氏

反乱平定に奔走するも行動は裏目に出て唐は弱体

運命に翻弄された真珠のように美しい皇妃

玄宗が楊貴妃を寵愛したことを発端とする安史の乱は、玄宗が退位し、粛宗の代になってもまだ収束せず、火種が燻《くす》ぶっていた。これを完全鎮圧して終結させたのが8代代宗《だいそう》である。

代宗は粛宗の長男で、本名は李俶《りしゅく》といい、のちに李豫《りよ》と改名している。生母の呉氏の実家が謀反の罪で滅ぼされ、継母の張皇后から冷遇されて育った。しかし、祖父の玄宗に認められると広平王《こうへいおう》に封じられ、安史の乱では父に従って転戦する。父が粛宗として即位すると兵馬大元帥となって軍を率い、反乱軍に占拠されていた長安と洛陽の奪還にも成功した。

762年に玄宗と粛宗が相次いで崩御すると、張皇后は李豫を暗殺して弟を皇帝に立てようと画策する。これを宦官の李輔国《りほこく》が察知して張皇后を殺害したため、難を逃れて代宗となった李豫は、李輔国に頭が上がらなくなる。そこで別の宦官の助けを借りて李輔国を粛清したが、その宦官が権力を握るという悪循環を招く。

また、安史の乱討伐のさいに、唐軍はウイグルの協力を仰いでいた。代宗が即位すると、唐の弱体化を察知したチベットやウイグルが、唐の宗主権を離れて独立したため、唐は西域の支配権を失う。さらに、残敵掃討のために、援助を求めた河北の節度使も軍閥化してしまう。代宗は失地回復を狙って様々な政策を打ち出したものの、抜本的な改革には至らなかった。

そんな代宗の皇妃もまた不遇である。代宗の正室は楊貴妃の姪にあたる崔《さい》氏である。一方、広平王の時代から沈《しん》氏という愛妾がおり、2人の間にはのちの9代徳宗《とくそう》が生まれている。ところが、安史の乱が起きると沈氏は反乱軍に捕らえられる。その後、広平王が洛陽を奪還して救出したが、広平王が長安に行っている間に再び反乱軍に襲われ、行方不明になってしまったのだ。のちに即位した徳宗は、生死不明の母に睿真《えいしん》皇后の号を贈った。

また、代宗は即位後に、鮮卑出身の独孤《どっこ》貴妃《きひ》を寵愛した。独孤貴妃が亡くなったとき、代宗は悲しみのあまり、3年間も棺を埋葬せずに側に置いていたという。

2017年のドラマ**『麗王別姫～花散る永遠の愛～』**(18ページ)は、沈氏をモデルとした沈珍《しんちん》珠《じゅ》をヒロインとし、ライバルとして崔氏や独孤氏も登場する。珍珠は「真珠」を意味するドラマ独自の名前で、運命的な出会いで結ばれた珍珠と広平王が、安史の乱によって引き裂かれ、宮中の陰謀に巻き込まれていく。ハリウッド進出もする国際派女優ジン・ティエンが、はかなくも愛に生きる珍珠を好演。また、代宗を演じたアレン・レンのブレイクのきっかけとなった。

五代十国　朱全忠／李克用／柴栄

相次ぐ動乱と王朝交代のなかで渦巻く愛憎

時には慎み深く、時には勇敢に戦う建国の王妃

唐の滅亡後、50年ほどの間にめまぐるしく王朝が交代し、さらに地方でも小国が割拠した五代十国時代。この時代を代表する皇帝として、まず朱全忠《しゅぜんちゅう》が挙げられる。

朱全忠は、貧しい農家の生まれで、最初は塩賊《えんぞく》反乱である黄巣《こうそう》の乱に参加した。しかし、統治能力に欠ける黄巣を見限って唐に寝返ると、黄巣軍を次々と撃破して節度使に任命される。やがて、朝廷内でも大きな権限を持ち、洛陽に遷都させると唐の19代昭宗《しょうそう》を殺害。９０７年に、自らが傀儡とした20代哀帝《あいてい》に禅譲させ、梁《りょう》(後梁《こうりょう》)を建てて初代皇帝となった。

哀帝はその後毒殺されて唐は滅亡したが、各地の節度使は反発して次々と独立を宣言し、五代十国時代を迎える。なかでも朱全忠の宿敵となったのが、トルコ系の沙陀《さた》族出身の李克用《りこくよう》だ。

李克用は、生まれつき片目の視力が悪いことから「独眼竜《どくがんりゅう》」とも呼ばれた猛将である。彼の率いる軍も精強で、全身黒で統一されていたために「鴉軍《あぐん》」と呼ばれて恐れられた。黄巣の乱で

は朱全忠とともに活躍し、朱全忠の危機を救ったこともある。しかし、李克用は朱全忠を「成り上がりの裏切り者」、朱全忠は李克用のことを「武力だけの蛮族」と互いに見下しており、唐の朝廷内でも権力を巡って争った。

両者が完全に決裂したのは、李克用が朱全忠の開いた宴に招かれたときだった。へりくだりつつ朱全忠は、密かに李克用殺害を計画。李克用が酔って寝ているところを襲撃した。しかし、部下に起こされた李克用は、かろうじて脱出に成功し、以後不倶戴天《ふぐたいてん》の敵となる。

両者の戦いは激しかったが、李克用は戦いには強いが政略では朱全忠に一歩及ばず、後梁が建国された翌年に病死する。その後、息子の李存勗《りそんきょく》が、朱全忠亡き後の後梁を滅ぼして後唐《こうとう》を建国する。李存勗は後唐の初代荘宗《そうそう》となり、父の李克用を太祖武帝《たいそぶてい》と追号した。

対照的な両者だが、それぞれの妻もタイプが違っていた。朱全忠の正室は張《ちょう》氏といい、富豪の生まれだが、黄巣軍にいた頃の朱全忠にひと目ぼれして結婚した。朱全忠は好色で短気であり、愛妾も多く臣下を殺してしまう傾向が強かった。そこで、張氏が穏やかにとりなすと怒りを鎮めたといい、賢后と讃えられて家臣も頼りにしていた。しかし、朱全忠が皇帝になる前に張氏が病死すると、歯止めのきかなくなった朱全忠は、女性にも見境がなくなり、自分の子の妻にまで手を出す。さらに晩年に後継者選びで混乱を招き、実子に殺害されている。

一方、李克用の正妃であった劉氏は、男勝りな性格だったという。側室や女官たちにも騎射を教えるなど、武勇にも優れていた。夫が朱全忠の館で襲われたさいには、逃げ帰った臣下を斬り捨てて救援に駆けつけている。また、朱全忠軍が優勢になったとき、逃げようとした夫を叱咤して思い留まらせた。夫の側室の面倒も見たが、後を継いだ李存勗は自分が生んだ子ではないため、劉氏は皇太妃として側室の扱いにされた。それでも劉氏は「私たちの子が国を立てた」と喜んだという。ただ、李存勗は政治家としては無能で、後唐も13年で滅亡する。

その後、後晋《こうしん》、後漢《こうかん》と続き、後周《こうしゅう》の2代世宗《せいそう》が全土統一に乗り出す。五代最高の名君と呼ばれる世宗は、本名を柴栄《さいえい》といい、正妃は符《ふ》氏という。符氏は姉妹で、姉の大符《だいふ》皇后は短気な夫をなだめて諭す賢妃だった。しかし、皇后が止めた遠征を世宗が強行したため、これを悔やんで病死した。その後、妹の小符《しょうふ》皇后を迎えるも、柴栄が死去したため、小符皇后は遺児の柴宗訓《さいそうくん》の後見人として垂簾聴政し、臣下であった趙匡胤《ちょうきょういん》に国を譲った。ちなみに符姉妹の3人目の妹が、趙匡胤の弟の趙匡義《ちょうきょうぎ》の正妃となっている。趙匡義は、のちに宋の2代太宗《たいそう》となる。

国を滅ぼした五代十国の王妃たち

建国を支えた賢后もいれば、亡国の悪女もいる。後唐の荘宗の正妃であった劉氏は、貧しい身分から出世して皇后にまでなったが、蓄財に貪欲で民の財を吸い上げ、兵たちの給与も削った。荘宗が反乱軍によって重傷を負うと、見舞いもせずに財宝を持ち出して愛人と逃げている。

十国に目を向けると、中国南東部で興った閩《びん》の3代恵宗《けいそう》は、陳金鳳《ちんきんほう》という夫人を寵愛した。陳金鳳は美女ではなかったが、淫蕩《いんとう》な性格で恵宗が病床につくと愛人を招き入れた。これを危険視した恵宗の子が、陳氏を排除する名目で挙兵し、恵宗自身も殺されている。

五代十国時代は、日本ではあまり人気のない時代といえるが、『三国志演義』の作者として知られる羅漢中《らかんちゅう》が『残唐五代史演義』を記している。李克用の13人の子（養子を含む）の活躍と分裂を描いた『十三太保《じゅうさんたいほ》』は、京劇の演目にもなり過去には映画化もされた。

近年のドラマでは、２０１１年の『**傾城の皇妃〜乱世を駆ける愛と野望〜**』が、五代十国後期を舞台とする。楚の皇女マー・フーヤー（馬馥雅）が、政争によって国を追われ、復讐のために後蜀《こうしょく》の後宮に潜入する。ヒロインを務めるルビー・リン自身のプロデュースで、イェン・クァン演じる後蜀の皇子と、ウォレス・フォ演じる北漢《ほくかん》の皇太子それぞれに愛される三角関係も描かれる。メインの3人は架空の人物だが、後蜀の皇帝である孟知祥《もうちしょう》、後周の世宗となる柴栄とその臣下の趙匡胤など、実在の人物も登場する。馬氏の建てた楚が、兄弟間の争いで混乱し、後周に制圧されたという時代背景もあっている。

２０１８年の『**晩媚と影〜紅きロマンス〜**』は、女刺客として育てられたヒロイン晩媚《ばんび》が、自身の護衛である影と禁じられた恋に落ちる武侠ロマンスだ。この作品には、謎の若様としてのちに後唐の2代明宗《めいそう》となる李嗣源《りしげん》が登場し、リー・イートン演じるヒロインに絡んでくる。

北宋——初代太祖（趙匡胤）／2代太宗（趙匡義）

宋王朝を支えたのは皇妃による垂簾聴政

泥沼の宮中党争の影で民間から名作が生まれる

後周の柴栄が始めた中国統一事業は、宋の趙匡胤が引き継ぎ、弟の趙匡義の代で果たされた。このため、日本では織田信長《おだのぶなが》、豊臣秀吉《とよとみひでよし》、徳川家康《とくがわいえやす》の関係になぞらえることもある。

宋の太祖となった趙匡胤は、寛大な人物であった。後周の恭帝《きょうてい》を王に封じ、皇太后の符氏も丁重に扱った。趙匡胤の最初の妻は建国の前に30歳の若さで亡くなり、その後2人の後妻を迎えている。後宮には征服した国の皇女などを多数迎え入れたが、これは国を失って路頭に迷う亡国の女性たちを保護するという側面もあったといえる。

後を継いだ弟の趙匡義も、後周の符太后の妹である懿徳《いとく》皇后をはじめ3人の正妃を持った。しかし、数多くの愛妾を抱え、宋が滅ぼした南唐《なんとう》の後主の皇后、小周后《しょうしゅうこう》を宮中に呼び出し、陵辱してその姿を絵師に描かせたともいう。こうした残酷な一面もあったことから、兄を暗殺して即位したという疑いがもたれている。ただ、為政者としては優秀であり、文治主義を進めて中央集権を確立し、宋王朝は趙匡義の血統が代を重ねていく。

皇帝権力は安定したが、皇帝の寵愛を巡る後宮での争いはむしろ激化した。3代真宗《しんそう》の寵愛を受けた劉氏は、真宗の死後に側室の生んだ4代仁宗《じんそう》の後見人となり政権を掌握した。

5代英宗《えいそう》の皇后であった宣仁《せんじん》皇后は、6代神宗《しんそう》が即位すると皇太后として権威を高め、8歳で即位した7代哲宗《てつそう》に代わり、太皇太后として垂簾聴政を行なった。宣仁太后は、神宗が進めた王安石《おうあんせき》による新法を退け、旧法を復活させたことから、孫の哲宗と対立するようになる。

その哲宗は、孟氏を正妃としたが、側室の劉氏を寵愛した。両者の諍いは、皇帝を呪詛した罪で孟氏が廃される「掖庭《えきてい》の獄《ごく》」へと発展したが、新法党と旧法党の対立から、両者の立場はたびたび入れ替わった。また、哲宗の弟の8代徽宗《きそう》も、義母の欽聖《きんせい》皇后から垂簾聴政を受けている。宋の政治は、女性が主導した時期がかなり多かったことがわかる。

北宋《ほくそう》のドラマでは、2020年に4代仁宗の時代を描いた『**孤城閉～仁宗、その愛と大義～**』、逆に征服王朝である遼《りょう》が舞台の『**燕雲台-The Legend of Empress-**』が制作された。また、北宋前期に北方の遼と戦って国を守った楊業《ようぎょう》とその一族の活躍と悲劇を描いた『楊家将演義』、北宋末期に宋江《そうこう》を首領とする108人のアウトローが王朝に反旗を翻《ひるがえ》す『水滸伝』が2大巨頭となっている。『水滸伝』から派生した『金瓶梅《きんぺいばい》』や、実在した政治家の包拯《ほうじょう》を名裁判官として描く『包公故事《ほうこうこじ》』なども人気が高く、それらを原作としたドラマも多数制作されている。

南宋　初代高宗（趙構）／2代孝宗（趙昚）

悲運の北宋皇妃たちと難を逃れた南宋皇帝

太祖の子孫を皇帝に立てて江南で命脈を保つ

12世紀初頭、女真《じょしん》族の金《きん》が遼を滅ぼすも、宋は約束した財貨を払わず、金の侵攻を受ける。この「靖康《せいこう》の変」によって、都の開封《かいほう》は占領され、9代欽宗《きんそう》と先代の8代徽宗は金に連行される。後宮の女性はさらに悲惨で、一部は金の王族の妾となり、一部は洗衣院《せんいいん》という妓館に入れられて娼婦に落とされた。徽宗の正妃であった朱《しゅ》皇后は境遇に耐えかねて入水自殺し、側室たちから幼い宮女までが金の将兵に陵辱され、望まない妊娠までさせられた。

壊滅状態に陥った宋皇室の唯一の生き残りが、徽宗の9男で欽宗の異母弟にあたる趙構《ちょうこう》である。開封を離れていて難を逃れた趙構は、江南で新皇帝となる。ただ、金に滅ぼされるまでの宋を北宋、以後を南宋《なんそう》と呼ぶため、趙構は宋の10代皇帝ではなく、南宋の初代高宗《こうそう》とされる。

即位にあたっては、7代哲宗の皇后で廃位されていた孟氏の承認を得たが、金に連れ去られた9代欽宗がまだ生きていることから批判も多かった。高宗は金に連れ去られた母の韋賢妃《いけんひ》や妻の邢《けい》氏の返還をたびたび求め、金に屈する形で講和する。母の韋賢妃は無事に帰されたが、一方で欽宗の帰還は望まず、金で捕虜となったまま没している。

高宗は唯一の男子であった皇太子を3歳で失い、後継ぎがいなかった。そこで、北宋の初代太祖（趙匡胤）の末裔である趙眘《ちょうしん》を探し出して2代孝宗《こうそう》とした。宋は太祖の弟の太宗の系統が続いてきたため、以後の南宋は太祖の系統がつなぐ。

孝宗は、息子の光宗《こうそう》に譲位したのちも実権を握り、南宋の安定に努めた。しかし、光宗の皇后となった李鳳娘《りほうじょう》は非常に嫉妬深く、光宗が女官の手を褒めればその手を切り落とし、光宗の寵愛を受ける側室も殺害し、「黒い鳳凰《ほうおう》」と呼ばれ恐れられた。この李鳳娘の生んだ子が4代寧宗《ねいそう》となるが、孝宗は李鳳娘を危険視し、両者は激しく対立している。

南宋時代は、歴代皇帝よりも、金への抗戦を主張して処刑された岳飛《がくひ》の人気が圧倒的である。「尽忠報国」の刺青を背負って奮戦するも、講和を主張する宰相の秦檜《しんかい》に無実の罪を着せられて殺された悲劇の英雄だ。２０１３年のドラマ『**岳飛伝 THE LAST HERO**』では、名優ホァン・シャオミンが岳飛を、ルビー・リンがその妻を演じて大ヒットした。

その他、武侠小説の大家である金庸《きんよう》の『射鵰英雄伝《しゃちょうえいゆうでん》』は、南宋から金、モンゴルへと、時代の移り変わりのなかで生きる武術家の冒険を描く。これまでに10回もドラマ化され、映画化作品も多い。また、続編の『神鵰俠侶《しんちょうきょうりょ》』も南宋末期が舞台となる。

元　初代世祖（フビライ・ハーン）・チャブイ

モンゴル帝国の皇帝にして元王朝の初代皇帝

元王朝の中枢を担ったチャブイ皇后の子どもたち

チンギス＝カンによって建てられたモンゴル帝国は、東ヨーロッパから中東にまで進出。中国の南宋は、チンギスの孫にあたるフビライによって滅ぼされた。

フビライは、弟との皇位継承争いを制し、1260年に皇帝となる。その後、南宋攻略のために大都《だいと》（現在の北京）に都を移し、中国の古典『易経』からとった元《げん》を国号とした。フビライは、漢字では忽必烈と記され、モンゴルの発音ではクビライのほうが近い。ハーン（可汗）はカァンとも記され、モンゴル帝国の皇帝を意味する。一方でウルスと呼ばれる国の君主はハン（カン）といい、フビライはモンゴル帝国の大ハーンであり、大元ウルスのハンなのである。

モンゴルでは、妻子はオルドという4つの後宮に分けられた。第1オルドは正妃である皇后、第2から第4は寵愛の深い側室がそれぞれ統括する。遊牧民の部族連合であるため、政略結婚も頻繁であり、さらに征服した王朝の后妃もオルドに振り分けられた。

フビライの正妃は、有力氏族のコンギラト部出身のチャブイで、フビライのいとこで叔母にもあたる。チャブイの前にテグルンという妻がいたようだが、詳細は不明だ。

チャブイは、フビライとの間に4人の男子をもうけている。長男のドルジは早逝したが、元王朝では次男のチンキムが燕王、3男のマンガラが安西王《あんせいおう》、4男のノムガンが北安王《ほくあんおう》に封じられ、名ばかりの王ではなく実際に統治者となって各地域を治めて元王朝を支えた。

さらにチャブイは、イスラム商人出身のアフマド(阿合馬)らを使って商売を行ない、莫大な財産を得た。アフマドはのちに元の財務を担当するなど、チャブイが登用した人材が政権中枢に抜擢されることも多かった。やがて皇后に立てられたが、チャブイの死後にチンキムとアフマドの権力争いが勃発するなど、その存在感は帝国にとって不可欠なものだったといえる。

2013年のドラマ『**フビライ・ハン**』は、フビライが大ハーンになるまでを描いている。主演は映画『**レッドクリフ**』で趙雲を演じたフー・ジュンで、香港出身の美人女優カーメイン・シェーがチャブイを演じる。フビライを主人公としたドラマは中国では珍しいが、製作期間を3年もかけ、その年のドラマ大賞で最優秀賞を獲得している。

なお、このドラマで2代皇帝オゴデイを演じたバーサンジャブは、2001年に日本の『**北条時宗**』でフビライを演じている。じつは本当にチンギス＝カンの末裔であり、2000年のドラマ『**チンギス・ハーン**』に主演するなど、モンゴル帝国を舞台にした作品に欠かせない。

明 ― 5代 宣徳帝（朱瞻基）・孝恭章皇后

若くして命を落とすも明の安定期を築き上げる

叔父と甥が争った明の初期は後宮の争いも熾烈

約100年間モンゴル帝国に支配されていた中国は、朱元璋《しゅげんしょう》が建てた明《みん》によって再び漢民族の手に戻された。貧農から皇帝にまで出世した朱元璋は洪武帝《こうぶてい》と呼ばれ、同じく一代で天下人となった日本の豊臣秀吉とよく比較される。

洪武帝の死後、孫の2代建文帝《けんぶんてい》と、叔父の朱棣《しゅてい》が「靖難《せいなん》の変」で争い、勝利した朱棣が3代永《えい》楽帝《らくてい》となる。永楽帝の正妃であった徐皇后は「学者」と呼ばれるほどの才女で、美貌よりもその性格が愛されて7人の子を生んだ。「靖難の変」では、出征中の夫に代わって城を守り、実際に建文帝の軍に攻められたときは、兵士の妻を集めて部隊を編成し戦ったという。

徐皇后の生んだ朱高熾《しゅこうし》は、病弱で肥満体型であり、廃太子も検討されていた。しかし、孫の朱瞻基《しゅせんき》が英明なことから、中継ぎとして4代洪熙帝《こうきてい》となる。病のため即位1年で没したが、洪熙帝は穏健な性格で、父の拡大政策に歯止めをかけ、内政の安定に努めた。

予定通り朱瞻基が5代宣徳帝《せんとくてい》となったが、これに叔父の朱高煦《しゅこうく》が異論を唱えて反乱を起こした。祖父の永楽帝が甥から皇位を奪った前例もあるが、朱高煦は粗暴な性格から皇位継承を見送られた過去があり、反乱はすぐに鎮圧された。宣徳帝は叔父の命だけは助けようと面会したものの、朱高煦に蹴りつけられたため、銅の壷に入れて焼き殺した。

宣徳帝は、祖父永楽帝譲りの果断な性格で王権を強化しながら、父洪熙帝譲りの政治センスで内政を強化した。そのため、洪熙帝（仁宗《じんそう》）と宣徳帝（宣宗《せんそう》）の治世は「仁宣《じんせん》の治《ち》」と呼ばれ、明で最も安定した時代とされる。

この宣徳帝の皇后が、**『大明皇妃 -Empress of the Ming-』**（20ページ）のヒロイン孝恭章《こうきょうしょう》皇后だ。ドラマでは名を孫若微《そんじゃくび》とされるが、史書には孫氏とのみ伝わる。また、宣徳帝の最初の皇后である恭譲《きょうじょう》皇后は、孫氏の生き別れた姉妹ではないが、胡善祥《こぜんしょう》という名はドラマと同じだ。史実では、永楽帝の命で胡善祥を正妃としたが、宣徳帝は母の張太后が推薦した孫氏を寵愛し、胡善祥は冷遇された。さらに孫氏が男子を生んだことで胡善祥は廃位され、道士とされた。姑の張太后は賢后としても知られ、孫氏を我が子に推薦したものの、胡善祥を哀れんでたびたび自宮に招いた。また、孫氏の生んだ子が9歳で6代正統帝《せいとうてい》となると、太皇太后として後見人となった。孫氏は皇太后となったが、張太皇太后が存命中は実権がなく、正統帝がモンゴル軍の捕虜となると、側室の生んだ宣徳帝の次子を7代景泰帝《けいたいてい》として後見した。

明 7代景泰帝（朱祁鈺）

皇帝の留守中に即位も「奪門の変」で敗れる

兄弟の骨肉の争いは妻子にも波及し運命を変える

孫皇后が生んだ明の6代正統帝は、8代天順帝《てんじゅんてい》でもある。幼くして即位した正統帝は、祖母の張太皇太后の後見を受けたが、成人すると宦官の王振《おうしん》の専横を招く。そして、王振にいわれるまま、モンゴルで勢力を拡大したオイラトのエセンとの戦いに親征し、捕虜となってしまう。

皇帝が敵国に捕らえられるという前代未聞の事件は「土木《どぼく》の変」と呼ばれ、明の朝廷は大混乱に陥った。軍を統括する于謙《うけん》は、北京を死守すると、孫皇后の了承を得て正統帝の弟である朱《しゅ》祁鈺《きぎょく》を新たな皇帝に立てた。これが7代景泰帝である。

景泰帝は王振を処刑し、オイラトの攻撃を阻んで講和に持ち込むことに成功した。そこで、正統帝も釈放されたが、景泰帝は兄を上皇としながらも軟禁状態に置いて実権を与えなかった。

さらに正統帝の子を皇太子から外し、自分の子を皇太子にしようとした。

ところが立太子した実子は翌年に病死し、自分も病に倒れる。そこで、正統帝はクーデターを起こし、8代天順帝として返り咲いたのである。この「奪門《だつもん》の変」を受け、病床の景泰帝は間もなく死去した。正統帝、天順帝は同一人物であるため、廟号から英宗《えいそう》とも呼ばれる。

景泰帝の正妃は汪《おう》皇后といったが、景泰帝が自分の子を皇太子にしようとしたことに反対して廃された。代わって杭《こう》氏が新たな皇后に立てられたが、景泰帝より前に病死している。天順帝は、過去の恨みから杭氏の皇后位を剝奪し、陵墓を暴いて辱めたという。

2016年の『**女医明妃伝～雪の日の誓い～**』は、杭皇后と実在した女医である談允賢《だんいんけん》とを合体させた架空のキャラクター杭允賢をヒロインとする。談允賢は、女性の地位が低かった時代に女医として数多くの女性を救った名医で、中国四大医女に数えられる。30歳で死去した杭氏よりあとに生まれ、90歳以上の長寿をたもっており、両者の接点はまったくない。

景泰帝は、『**大明皇妃 -Empress of the Ming-**』でも皇位を狙う野心家として登場したが、本作では允賢を愛する一途な青年だ。また、史実では杭氏を恨んだ英宗も、允賢に想いを寄せる役どころ。さらにオイラトのエセンまで、允賢に夢中になるという四角関係に発展する。そんな魅力的なヒロインを演じるのは『**宮廷女官 若曦(ジャクギ)**』のリウ・シーシー。英宗役はウォレス・フォ、景泰帝役はホアン・シュエンと実力派をそろえる。最初は好青年だった景泰帝が次第に権力にとりつかれ、頼りなかった英宗が捕虜生活を経て皇帝らしくなるという対比がおもしろく、ふたりの皇帝に愛されながら医師としてどう生きるか、允賢が選択を迫られる。

明

9代 成化帝（朱見深）・万貴妃

方術に傾倒して道士を重用し明の衰退を招く

19歳年上でも愛された3大悪女に匹敵する万貴妃

「奪門の変」によって返り咲いた天順帝（英宗）だが、治世7年目に38歳で死去。その後を嫡男の朱見深《しゅけんしん》が継いで9代成化帝《せいかてい》となる。成化帝は叔父の7代景泰帝から皇太子を廃された経験があった。しかし、父が景泰帝の即位を認めず抹殺しようとしたのに対して、景泰帝を7代皇帝として承認し、「奪門の変」で粛清された于謙らの名誉を回復した。

ところが、治世後半になると方術に夢中になり、怪しげな道士や僧侶に官位を与え要職につけるようになる。また、正妃ではない万貴妃《ばんきひ》を寵愛し、朝廷に混乱を招いた。

万貴妃は成化帝より19歳も年上で、皇太子の頃から側に仕えていた。景泰帝に皇太子を廃されていた間も献身的に支え、成化帝にとっては育ての母ともいえる存在である。

成化帝の万貴妃に対する信頼と愛情は、正妃である呉氏とも雲泥の差だった。成化帝が即位すると、呉氏は皇后となるが、万貴妃の無礼を咎めて罰を与えると、怒った成化帝により廃されてしまったほどである。次に皇后に立てられたのは王氏だが、成化帝に寵愛されることはなく、逆に万貴妃に気を使って常に下手に出るしかなかった。

万貴妃は40歳目前に男子を生んだが、わずか1歳で病死してしまい、その後は懐妊することはなかった。次第に嫉妬深くなった万貴妃は、他の妃が成化帝の子を妊娠すると、ことごとく殺すか生まれる前に堕胎させたという。唯一、宦官の手で密かに逃がされた、3男の朱祐樘《しゅゆうとう》だけが成長した。祐樘は、廃位された呉氏と祖母の周皇太后に保護され、存在を知った万貴妃による暗殺計画も失敗した。万貴妃は、激しい怒りのなかで1487年に死去。同年、万貴妃を失った成化帝も、悲しみのあまり死去し、生き残った祐樘が10代弘治帝《こうちてい》となった。

弘治帝は、道士や僧侶を宮中から追放し、賢臣を抜擢。側室を置かず、愛する張皇后と同じ居館で慎ましく暮らして善政に努めた。一度は傾きかけた明朝を建て直したことから、「明中興の祖」と呼ばれる。しかし、その後は暗君と早逝が続き、明の衰退は止まらなかった。

2011年のドラマ『**王の後宮**』は、この成化帝の時代を描いている。主人公の春華《しゅんか》は女官として後宮に上がるが、そこで后妃たちが皇帝の寵愛と、後宮での権力を巡って争う姿を目の当たりにする。春華を演じるアン・アンと、ウィリアム・フォン演じる宮廷楽士との淡い恋も描かれるが、それを吹き飛ばすのが万貴妃を演じる香港女優タビア・ヨンの悪女ぶりだ。3大悪女に匹敵する万貴妃の怒りを買い、危機に陥るヒロインにハラハラする。

清 2代 太宗（ホンタイジ／愛新覚羅《アイシンギョロ》皇太極《ホンタイジ》）

清を興して権力を強化し世界帝国の基礎を築く

壮絶な後継者争いの末に皇帝となった

明の支配下にあった女真族は、愛新覚羅氏のヌルハチが台頭したことで勢力を拡大する。ヌルハチは建州女真の同族争いを制し、海西《かいせい》、野人《やじん》など他の女真族も降して女真族を統一し、国号を後金《こうきん》とした。統一の過程で、ヌルハチは他の氏族との婚姻によって同盟を強化したため、数多くの妃を抱えていた。最初の正妃は、長男のチュイェン、次男ダイシャンを生んだトゥンギャ氏のハハナ・ジャチンだったが早くに死去している。その後、第5子（3男）のマングルタイを生んだフチャ氏のグンダイを継妃としたが、晩年はウラナラ氏のアバハイを寵愛した。

ヌルハチの後継者となったホンタイジの母は、イェヘナラ氏から側室に迎えたモンゴジェジェであったが、ホンタイジが11歳のときに死去している。以後はグンダイに育てられたが、第8子（4男）ということから、後継者争いからははずれた存在だったといえる。

しかし、幼少期から文武に励み、女真族に欠かせない騎馬射撃も巧みで、ホンタイジの才能は兄たちを上回っていた。女真族統一戦にも参加し、6つの城を攻略するなど、実力で清の八《はっ》旗《き》の1軍を率いる旗主となった。さらにダイシャン、マングルタイ、一族のアミンと並ぶ四大ベイレに数えられる。ベイレとは王という意味で、皇帝に次ぐ存在ということである。

長男のチュイェンは、一度は皇太子となったものの、傲慢で父に逆らうようになったため廃されていた。ヌルハチが後継者を定めずに死去すると、皇位は四大ベイレの間で争われる。アミンはヌルハチの弟の子で嫡流ではなく、グンダイの息子であるマングルタイはホンタイジから兄と呼ばれ慕われたが、功績の面で一歩劣った。実質的にはダイシャンとホンタイジの一騎討ちであったが、ホンタイジはダイシャンが皇帝にふさわしくないことを主張し、さらにダイシャンの子であったヨト、サハリヤンを味方に引き込み、後継者に選ばれた。

ホンタイジは1636年に国号を清に改めると、ヌルハチを初代皇帝として自身は2代皇帝となる。その間にモンゴルに勢力を拡大すると、元の伝国の玉璽を入手する。これは、モンゴル、満州、漢族の支配者である証を手に入れたことになり、自身の民族を満州族とした。

さらにホンタイジは明への侵攻を計画するが、明の守備軍はまだ精強であり進軍を阻まれる。そこで北京の攻略はあきらめ、親明政策をとる李氏朝鮮に侵攻した。2度の侵攻で朝鮮は全面降伏し、ホンタイジの前で朝鮮の仁祖《じんそ》が三跪九叩頭《さんききゅうこうとう》し、以後は清の属国となる。

ホンタイジの策は、明に朝貢する国を支配下に治めて明を弱体化することにあった。漢族の文化にも詳しく『三国志演義』を愛読し経典も読み込み、漢族の制度も積極的に取り入れた。しかし、明の征服が達成される前に、51歳で急死した。

氏族の命運を担い皇帝の寵を巡って争った姉妹

ホンタイジは漢字では皇太極と表記され、皇太子や王といった意味を持つ。生まれた当初から皇帝になると決まっていたわけではないので、別に本名があったとも考えられる。

ホンタイジもヌルハチと同じように氏族間の結束を固めるために、数多くの妃を持った。最初の妃はニオフル氏から迎えたが、即位の前に病死して元妃と呼ばれる。次にウラナラ氏から側室となっていた継妃を昇格させたが、ヌルハチの怒りをかって離縁させられている。

3人目の妃は、モンゴルのボルジギト氏から迎えたジェルジェルで、ホンタイジが清の皇帝に即位すると、孝端文皇后《こうたんぶん》となっている。ホンタイジはボルジギト氏の女性を好んだようで、のちにジェルジェルの姪であるブムブタイを妃とし、3代順治帝《じゅんちてい》となるフリンをはじめ4人の子が生まれ、孝荘文皇后《こうそうぶん》の号を贈られている。

一方で、ブムブタイの姉であるハルジョルも妃としている。26歳と遅くに後宮に入ったハルジョルは、ホンタイジとの間に生まれた子もすぐに亡くして、33歳で病死した。しかし、ホンタイジからの寵愛は深く、ハルジョルが病に倒れたと聞くとすぐに戦地から戻ったが、死に目に会えずに泣き叫んだという。ハルジョルは敏恵恭和元妃《びんけいきょうわげんひ》と追号されている。

ブムブタイが4代康熙帝《こうきてい》の時代まで生きて、75歳の天寿をまっとうしたことと比べると、姉妹でも明暗が分かれている。ホンタイジは他にも、征服したモンゴルのリンダン・ハーンの妻であったナムジョンとバトマゾーを妃としている。

ホンタイジの生涯を描いた小説やドラマは昔から制作されてきた。ホンタイジが寵愛した后妃たちの生涯もまたドラマチックで、数々の宮廷ドラマが生まれている。

2012年の『**宮廷の泪《なみだ》・山河の恋**』は、ブムブタイをヒロインとしている。叔母の結婚相手であるホンタイジと運命的な出会いを果たした主人公玉児(ユアル／ブムブタイ)は、後宮に入る一方で、ホンタイジの異母弟であるドルゴンにも想いを寄せられる。さらに異母姉妹の海蘭珠(ハイランチュウ／ハルジョル)も後宮に入って対立することになる。この姉妹の争いに、叔母で正妃である哲哲(ジャジャ／ジェルジェル)が暗躍する。

対して、2017年の『**孤高の皇妃**』では、ハルジョルがヒロインとなる。売れない女性ウェブ小説家が、女真族一の美女と称えられ、生涯で7度の結婚をしたブシヤマラの小説を書き始める。このブシヤマラとハルジョルを合体させたのが主人公のトンガだ。トンガを得たものが天下を得るという予言により、ヌルハチやその王子たちから求愛を受けながらも、運命に翻弄されるヒロインの短い生涯を描き、配信1ヵ月で22億回の再生数を記録した。

清　睿忠親王（ドルゴン／愛新覚羅《アイシンギョロ》多爾袞《ドルゴン》）

皇位を甥に譲り中国統一の立役者となった摂政王

死後に皇帝位を剥奪された王と王妃

ドルゴンは、清の初代ヌルハチの第14子である。母は正妃のアバハイで、兄にアジゲ、弟にドドがいる。兄弟とともに四大ベイレに次ぐ四小王に数えられ、ヌルハチの死後は異母兄のホンタイジらと後継者候補にもなった。しかし、母のアバハイがヌルハチの遺命により殉死していたため、発言権は弱められホンタイジが後継者となる。

ホンタイジの下では武将として活躍し、モンゴル討伐に功績を挙げると一族の有力者となる。やがて、ホンタイジが没すると、ホンタイジの長子であるホーゲとの間で後継者争いが起きた。しかし、一族の内紛を回避するため、皇后のブムブタイが生んだフリンを後継者として3代順治帝とした。しかし、順治帝はまだ6歳と幼かったことから、摂政王となったドルゴンが実権を握る。ちょうど明が李自成《りじせい》の乱で滅亡したため、ドルゴンは宿敵であった呉三桂《ごさんけい》の求めに応じて南下し、北京を攻略して清による中国征服の立役者となった。

やがてドルゴンは増長し、政敵であったホーゲに謀反の罪を着せて投獄し、ホーゲの側室も奪って側女とした。さらに順治帝に対しても、叔父ではなく皇父を名乗るようになる。

このため、ドルゴンがホンタイジの妃であったブムブタイを娶ったという説まで生まれている。女真族など北方の異民族の間では、兄が死ぬと弟に再嫁《さいか》するという風習があった。もっとも、清の頃には漢の文化にならって禁止されていたため、現在ではこの説は否定されている。ドルゴンは、13歳のときにブムブタイと同じボルジギト氏の娘と結婚している。2歳年上で40歳で死去しており、敬孝忠恭元妃《けいこうちゅうきょうげんひ》と贈号された。さらにドルゴンが死後に成宗《せいそう》に追尊されると義皇后と贈名された。ただ、その後ドルゴンへの不満が噴出したため、順治帝は成宗の号を剝奪し、義皇后の名も取り消されるが、乾隆帝《けんりゅうてい》の代になって、睿忠親王《えいちゅうしんのう》に復位された。

ドルゴンは、清の初期を描いたドラマには頻繁に登場する。**『宮廷の泪・山河の恋』**ではハン・ドン、**『孤高の皇妃』**では若手注目株のチュー・チューシアオが演じている。

２０１８年の**『王家の愛〜侍女と王子たち〜』**は、若き日に惹かれあったドルゴンと草原の少女スマラが、王宮で再会する身分違いのラブストーリーだ。実生活でも夫婦である、ヒロインのスマラ役のドゥ・ルオシーと、ドルゴン役のイエン・イークァンの共演で話題となった。

ちなみにスマラは、実在の女官がモデルだ。ブムブタイの侍女として後宮に入り、生涯独身を貫いて90歳以上生きたという。清朝を俯瞰《ふかん》する存在として、他のドラマにも登場している。

清 3代順治帝（フリン／愛新覚羅福臨《アイシンギョロフリン》）・孝献皇后

清の支配を確立させ24歳で崩御した若き賢君

異民族と漢の名妓を合体させた皇貴妃

わずか6歳で即位した順治帝は、即位後の7年間は叔父のドルゴンの摂政を受けた。しかし、異母兄のホーゲが粛清されそうになったときは泣いて命乞いし、最後まで処刑を認めなかった。このため、ドルゴンの死後に成宗の号を贈るも翌年には剥奪し、遺体を鞭打ち刑にしている。ドルゴン派を一掃すると13歳で親政を開始する。順治帝は読書家で漢の文化に詳しく、漢人を登用した他、宦官の政治参加を禁止した。これにより、中国の歴代王朝にはびこった宦官の専横は抑えられた。さらに、南方で明の再興を掲げる鄭成功《ていせいこう》の北伐をも撃退した。中華圏に君臨する大帝国としての清は、順治帝が北京に入城したときから始まったともいえる、その功績から、死後には王朝の創始者などに使われる「祖」をつけた世祖《せいそ》の廟号を贈られている。

順治帝の皇后は、ボルジギト氏から迎えた静妃《せいひ》がいたが、早くに廃位されている。その後に同じくボルジギト氏から孝恵章《こうけいしょう》皇后を迎え、その妹である淑恵妃《しゅくけいひ》も側室としている。また、

4代康熙帝《こうきてい》を生んだトゥンギャ氏も、のちに孝康章《こうこうしょう》皇后とされている。

ただ、順治帝から最も寵愛を受けたのは、皇貴妃のドンゴ氏だった。孝恵章皇后はほとんど顧みられることはなく、廃位さえ検討されたほどだ。しかし、孝恵章皇后が生母ブムブタイの血縁者であったため、ドンゴ氏を正妃とすることはできなかった。

さらに、ドンゴ氏の生んだ順治帝の第4子は夭折《ようせつ》し、ドンゴ氏も21歳の若さで病死してしまう。順治帝はドンゴ氏に孝献《こうけん》皇后を追贈したが、その後は気力を失い、翌年天然痘にかかると後を追うように急死した。24歳という順治帝のあまりにも早い死は「じつは死んでおらず、出家して五台山《ごだいさん》でドンゴ氏の菩提《ぼだい》を弔っている」という噂まで流れたほどだ。ドンゴ氏への寵愛ぶりと、名君として期待されていたことがわかる。

ところで、ドンゴ氏は漢字では董鄂氏と書く。順治帝は満州文字と漢字を併用したため、氏族名も漢字で書かれるようになった。一方で、同時代の南京で名を高めた8人の妓女・金陵《きんりょう》八艶《はちえん》に董小宛《とうしょうえん》という美女がいたことから、両者を混同した物語が作られるようになった。

2015年製作の『**皇貴妃の宮廷**』は、董小苑を主人公とした宮廷ドラマである。漢族出身ではじめて清の後宮に入ったヒロインが、皇帝の寵愛を受けながら皇后や皇太后、他の側室から嫉妬を受ける。実在の董小宛は順治帝より15歳も年上で、孝献皇后の董鄂氏とは別人である。両者を合体させたフィクションだが、漢族初の皇貴妃という設定がドラマチックだ。

清

4代 康熙帝（ヒョワンイェイ／愛新覚羅玄燁《アイシンギョロヒョワンイェイ》）

61年に及ぶ最長在位で清の安定期を築いた聖祖

民間で育ち善政を敷いて名君となるも後継者問題に悩む

順治帝の第3子として生まれた玄燁《げんよう》は、天然痘にかかったことから宮中を出されて乳母に育てられた。順治帝が死去して次の皇帝に選ばれたとき、庶民の子どもと路上で遊んでいたという。幼少期に市井で育ったことは、のちの治世に大きく影響したといえる。玄燁は4代康熙帝となるが、まだ8歳だったことから、政務は重臣たちの合議制で行なわれた。しかし、重臣のオボイが他の重臣を粛清して実権を握ったため、15歳のときにオボイを排除して親政を始めた。

康熙帝は質素倹約に努めて、宮中の使用人も大幅に削減した。明の時代に1日で使われた費用が、康熙帝の代では1年分の費用になったという。減税も行なわれ、人頭税である丁銀の徴収も成人男子に固定。海禁政策をとらず、上海など4港を開港して貿易にも力を入れている。

学問にも熱心で、孔子の『論語』を読み込み、漢字字典の『康熙字典《こうきじてん》』をはじめ、詩文の全集などを編纂させて文化保護に努めた。自身は儒教に傾倒したが、キリスト教を禁止しなかった。

イエズス会の宣教師から西洋天文学の教えを受け、正確な地図を作成させたり、円明園《えんめいえん》というヨーロッパ風庭園を造営させたりしている。しかし、ローマ法王の圧力を受けたことから、のちに宣教師を国外追放し、清朝を批判する文書を取り締まる「文字《もんじ》の獄《ごく》」も始めている。

満州人らしく狩猟も好み、夏には毎年モンゴルで狩猟を行なうなど、文治だけの皇帝ではなかった。親政をはじめるとすぐに明の降将であった呉三桂らによる「三藩《さんぱん》の乱」が起きたが、これを鎮圧することで、台湾まで含めた国内の反清勢力を一掃している。

北ではピョートル大帝のロシア帝国と衝突するも、1689年にネルチンスク条約を締結して国境を定めた。歴代の中国王朝は、中華思想により諸外国とは朝貢による外交のみを認めており、ネルチンスク条約は中国ではじめての対等な二国間条約といわれる。ただ、この時点では清のほうが優勢だったため、条約も清に有利なものだった。

清朝最長となる61年もの治世で、政戦ともに多大な功績をあげた康熙帝は、死後に聖祖《せいそ》という廟号がつけられた。清で「祖」の号を持つのは太祖ヌルハチ、父の順治帝の世祖、そして康熙帝の聖祖の3人だけである。ただ、家庭人としての康熙帝には悩みが多かった。

康熙帝の最初の皇后は有力豪族のヘシェリ氏から迎えた孝誠仁皇后《こうせいじんこうごう》だったが、第2子の胤《いん》礽《じょう》を生んで死去した。2人目の孝昭仁皇后《こうしょうじんこうごう》はいとこにあたるが、こちらも早くに死去してしまう。3人目の皇后はトゥンギャ氏の孝懿仁皇后《こういじんこうごう》だが、長い間後宮をとりしきったが、男子が生まれず立后されなかった。病に倒れてようやく皇后に立てられるも、翌日死去している。

正嫡の男子は胤礽のみだったが、康熙帝は側室との間にも子をもうけ、男子24人女子20人にもなった。夭折して数に含まれない子も多数いる。満州族の間では、皇位は合議制で決められるため、康熙帝の子にはいずれも後継者になる資格があった。そのため後継者争いは熾烈で、康熙帝は胤礽を皇太子としたが、素行不良で廃嫡し、その後態度を改めたので再び立太子するも、再び増長したために廃位せざるを得なかった。

一方で側室の子の間でも皇位争奪戦が行なわれ、庶長子の胤禔《いんし》は8男の胤禩《いんし》を推薦したが、3男の胤祉《いんし》の密告で失脚し、胤祉も立太子されなかった。結局、康熙帝は最後まで皇太子を定めず、死後に側室のウヤ氏(孝恭仁皇后《こうきょうじんこうごう》)の生んだ4男の胤禛《いんしん》が5代雍正帝《ようせいてい》となる。ただ、即位を発表したのが孝恭仁皇后の弟だったため、雍正帝の即位には疑いの目が向けられた。

安定した治世と後宮の内紛がドラマの舞台に最適

康熙帝の生涯を描いたドラマとしては、2001年の『**康熙王朝**』が高視聴率を記録している。順治帝が愛妾の死で出家してしまったという俗説を採用し、実在しない人物も登場するが、即位から名君として数々の功績を残し、後継者選びに悩む晩年まで詳細に描かれる。

しかし、それ以上に活発なのが、フィクション性の高い宮廷ドラマだ。政治的に安定し、多くの側室や皇子を抱えていたことから、後宮での女の戦いや皇子たちの後継者争いを描いたドラマが多く、名前のみ伝わる側室から、架空のヒロインも生まれている。

２０１１年の『**宮 パレス～時をかける宮女～**』は、現代女性が18世紀の清にタイムスリップし、康熙帝の８男である胤禩と、４男の胤禛に愛される。韓国で大ヒットした『**宮～Love in Palace～**』から着想を得ており、時代劇の女性視聴者を急増させた。同年には、人気ウェブ作家・桐華《トンホア》の『歩歩驚心』を原作とした『**宮廷女官 若曦**』も放送されている。こちらは歴史オタクな現代女性の心だけが清の女官の体に入ってしまい、康熙帝の９人の皇子たちによる皇位継承争いとヒロインの争奪戦に巻き込まれる。本作は逆に韓国ドラマ『**麗～花萌ゆる8人の皇子たち～**』にリメイクされた。また、ヒロインを演じたリウ・シーシーと、胤禛を演じた台湾スターのニッキー・ウーは、本作での共演がきっかけで結婚している。

両作は、その後一大ジャンルとなった、タイムスリップ時代劇の代表といえる。さらにミステリーロマンス『**宮廷の諍い女**』(22ページ)もあり、２０１１年は康熙年間がブームとなった。

以上は康熙帝の皇子たちとヒロインの恋がメインだが、『**宮廷女官 若曦**』の監督による２０１６年の『**皇帝の恋 寂寞《せきばく》の庭に春暮れて**』は、康熙帝と８男胤禩を生んだ良妃《りょうひ》との悲恋を描く。変わったところでは、滅亡した明の公主と康熙帝が恋に落ちるという、大胆な設定のロマンス時代劇『**龍珠伝 ラストプリンセス**』が２０１７年に放送されている。

清 5代雍正帝（インジェン／愛新覚羅《アイシンギョロ》胤禛《インジェン》）

父に劣らぬ勤勉さで内政を強化しチベット征圧

母の愛情に恵まれず兄弟を粛清した非情さも

康熙帝の4男であった胤禛は、康熙帝が長寿だったこともあり、即位したのも45歳とかなり遅い。母のウヤ氏は身分が低く、胤禛は正妃のトゥンギャ氏に養育され、手許で育てた弟の胤《いん》禵《てい》を偏愛していた。息子の即位も喜ばず、皇太后に封じられるのも断ったほど険悪だった。

即位の経緯も不透明だったため、後継者争いに敗れた兄弟の反発は根強く、さらに即位を決定づけた叔父も権力を握ろうとしていた。そのため、即位当初の雍正帝は、叔父や兄弟の粛清に終始した。スパイ組織「血滴子《けってきし》」や、諮問機関「軍機処《ぐんきしょ》」を設置して皇帝の独裁権を強めた。さらに、他の兄弟の名を「胤」から「允」に代えさせ、皇族の印象を薄めている。

しかし、宮中で恐怖政治を敷いていても、外では名君だった。雍正帝は康熙帝を上回る仕事熱心さで、夜遅くまで執務に没頭し、書類にはすべて目を通し自分で返事を書き、1日の睡眠時間は4時間ほどだったという。大変な倹約家で、国庫を富ませ、奴隷解放も行なった。

対外政策では、父の代からの懸案であったチベット問題に積極的に取り組んだ。モンゴルのジュンガルによるチベット介入に対抗し、雍正帝は内紛の続くチベット王朝を解体し、半分を清の支配下に、半分をダライ・ラマの自治領と定めた。雍正帝の在位期間はわずか13年だが、領土も拡大し政権も安定させた功績は大きく、６代乾隆帝につないだ。

雍正帝は、ウラナラ氏の孝敬憲《こうけいけん》皇后を唯一の正妃としているが、他にも多くの側室を抱えていた。６代乾隆帝を生んだ孝聖憲《こうせいけん》皇后をモデルとするのが『**宮廷の諍い女**』のヒロイン甄嬛《しんけい》である。実在の孝聖憲皇后は、乾隆帝の即位後も皇太后として敬われ86歳で死去している。80歳の祝いは乾隆帝により国を挙げて行なわれ、歴代最高に幸福な皇后とされた。なお、この頃になると、後宮にも漢人の側室がかなり増えている。

雍正帝の生涯を描いた歴史ドラマ『**雍正王朝**』は、『**康熙王朝**』よりも前の１９９９年に製作され、「大清帝国・三世の春」シリーズの第1作となった。また、大ヒットした『**宮 パレス〜時をかける宮女〜**』の続編『**宮 パレス2〜恋におちた女官〜**』でも、即位後の姿が描かれる。前作で弟の胤禩とともに未来に戻っていったヒロインに代わり、新たなヒロイン憐児《れんじ》を巡って康熙帝の17男で弟の果親王《かしんのう》と争う。前作と同じくミッキー・ホーが雍正帝を演じている。

２０１７年の『**花散る宮廷の女たち〜愛と裏切りの生涯〜**』は、清最高の才女・年妹媛《ねんしゅえん》を巡る皇太子の胤礽と胤禛の三角関係を描く。両皇子のその後を知っているとさせつなさが倍増する。

清 6代乾隆帝（フンリ／愛新覚羅弘暦《アイシンギョロフンリ》）

清の最大版図を築いた生まれながらの皇帝

大胆かつ豪勢に芸術と戦争に没頭した十全老人

6代乾隆帝は、本名を弘暦《こうれき》といい、雍正帝の第4子にあたる。幼少の頃から聡明で、祖父の康煕帝にも気に入られ、兄も夭折したことから将来の皇帝と期待された。即位したのも25歳と気力あふれる青年時代で、重臣の専横を許すことなく思う存分腕をふるうことができた。

乾隆帝は祖父の康煕帝を尊敬し、政治面では祖父にならって善政を心がけた。経済も活性化し、生糸や陶磁器、茶などが輸出品となり、ヨーロッパで珍重されたことで大量の銀がもたらされている。祖父と父が質素倹約に努めたこともあり、国庫には潤沢な資金が溢れていた。

ただ、乾隆帝は祖父や父と違って派手好きであった。文化振興や美術品蒐集《しゅうしゅう》に熱心で、豊富な財源を惜しみなく投入した。自身でも数々の漢詩を残し、古代からの史書や文学書を集め、全7万9000巻以上にもなる『四庫全書《しこぜんしょ》』を編纂させている。乾隆帝の美術品コレクションは、北京と台湾にある故宮博物館で現在も見ることができる。また、康煕帝が造営した円明園を、中国風建築とヨーロッパのバロック建築が共存する壮麗な庭園に大改装している。宮廷画家を統括する画院処も設立し、なかにはヨーロッパ画家のための設備もあった。

外交面では、十全武功《じゅうぜんぶこう》という10度に及ぶ遠征を行なっている。なかでも、祖父の代からの宿敵であるジュンガルとの戦いに勝利し、ウイグル族の居住地まで版図に組み込んだ。この地は「新しい土地」を意味する新疆《しんきょう》と名づけられた。これが、現在の新疆ウイグル自治区にあたる。

南ではミャンマーやベトナムにも攻め込み、タイやラオスを朝貢国としている。すべての遠征で勝利したわけではないものの、乾隆帝は十全武功を誇って、自身を「十全老人」と名乗った。清の版図は最大に達し、ロシア沿海部やモンゴル国をのぞき、現在の中国が主張する領土は、ほぼ乾隆帝が拡大した版図を受け継いでいる。

乾隆帝は祖父と父の蓄積したものを効果的に運用し、清の最盛期を築いた。この3代約130年にわたる治世は「三世の春」と呼ばれている。乾隆帝の在位は康熙帝に次ぐ60年だが、これは祖父の康熙帝の61年を超えないように遠慮したためである。1795年に85歳を迎えた乾隆帝は、退位して第15子の永琰《えいえん》(7代嘉慶帝《かけいてい》)に皇位を譲る。しかし、嘉慶帝は名前だけの存在であり、89歳で死去するまで、実質的な権力は太上皇となった乾隆帝が握っていた。

数々の功績を残した乾隆帝だが、度重なる遠征と文化事業への出費は莫大なもので、国庫を枯渇させた。さらに晩年はヘシェンという奸臣《かんしん》を重用し宮中を混乱させた。乾隆帝に信任されたへシェンは私腹を肥やし、清に批判的な文書を処分する「文字の獄」において、無実のものまで弾圧した。乾隆帝が崩御すると、嘉慶帝はヘシェンを処分しその財産も没収した。しかし、清の衰退は、乾隆帝の晩年からすでに始まっていたといえるだろう。

乾隆帝にまつわる様々な伝説と皇妃たち

乾隆帝の最初の正妃は、フチャ氏の孝賢純《こうけんじゅん》皇后である。15歳で嫁ぎ、4人の子を生んだがいずれも夭折してしまい、乾隆帝が即位した12年後に病死している。次に皇后となったのが継《けい》皇后のナラ氏で『**如懿伝 ~紫禁城に散る宿命の王妃~**』(24ページ)のヒロイン如懿《にょい》のモデルである。ドラマでは、乾隆帝の寵愛を失って冷宮に送られるが、史実の継皇后も髪を切ったことを理由に廃位され、死後は皇后ではなく皇貴妃の待遇で葬られている。満州族では髪を切ることがタブー視されており、髪を切ったのが皇帝や皇太后への呪詛とみなされてしまったのだ。

『**如懿伝**』と同じ2018年放送の『**瓔珞〈エイラク〉~紫禁城に燃ゆる逆襲の王妃~**』は、やはり乾隆帝の時代を舞台とする。ヒロインの魏瓔珞《ぎえいらく》は、側室ながら7代嘉慶帝の生母となった孝《こう》儀純《ぎじゅん》皇后をモデルとしている。同じ時代を描いているが、対立する皇妃が主役となるため、登場するキャラクターの描かれ方も違っている。なかでも皇后のフチャ氏は、『**如懿伝**』では陰謀を巡らす悪役だが、『**瓔珞**』ではヒロインを庇護する立場だ。また、『**如懿伝**』での如懿はウラナラ氏の出身だが、**『瓔珞』**の嫻妃《かんひ》（如懿に相当）はホイファナラ氏の出身となっている。これは、最新の学説で2つの出自が候補になっているためである。

両作品ともヒットしたが、共通しているのが乾隆帝の母である孝聖憲皇后が、実母ではなく義母とされている点である。じつは乾隆帝には清の時代から「漢人説」が流れていた。特に清が倒れて再び漢民族の国になると、中国の最大版図を築き、最も繁栄した時代を築いた皇帝が、異民族の満州族というのに抵抗を感じるようになった。そこでドラマでは、実母は李氏や銭《せん》氏といった漢族の側室で、乾隆帝には漢民族の血が入っていることにされているのだ。

史実としての乾隆帝を描いた作品としては、「大清帝国・三世の春」シリーズの最終章**『乾隆王朝』**が、2003年に放送されている。ただ、乾隆帝にまつわる伝説は他にもあり、民間から養女を迎えたという伝承をもとに、1998年に**『還珠姫《かんしゅひめ》〜プリンセスのつくりかた〜』**というドラマが作られ、日本でも第1部が放送された。

さらに、ウイグル人の側室がいたという香妃《こうひ》伝説もある。ウイグルの姫が後宮に入り、体からよい香りがするため香妃と呼ばれ寵愛された。しかし、乾隆帝が香妃に夢中になるのを危惧した皇太后により自死を命じられたという。あくまでも伝説だが、実際に乾隆帝には容妃《ようひ》というウイグル族の側室がいた。**『如懿伝』**では寒香見《かんこうけん》、**『瓔珞』**では順貴人《じゅんきじん》として登場する。武侠作家・金庸のデビュー作『書剣恩仇録《しょけんおんきゅうろく》』は、この乾隆帝漢人説と香妃伝説を下敷きにしている。

Column

ドラマの定番『四大奇書』と『四大民間伝説』

『三国志演義』、『水滸伝』、『西遊記』、『金瓶梅《きんぺいばい》』を、中国四大奇書という。奇書とは、世にも稀《まれ》な名著ということで、奇妙な書ということではない。『金瓶梅』に代えて『紅楼夢《こうろうむ》』を入れることもあるが、両作品ともフィクションであり登場人物は架空だ。これに対して、三国時代の群雄を描く『三国志』をはじめ、ファンタジー小説といえる『西遊記』も、三蔵法師《さんぞうほうし》（玄奘《げんじょう》）という実在の人物が主要キャストで登場する。『水滸伝』は、史書にも残る宋江《そうこう》を首領とする36人の反乱軍を、3倍の108人の好漢としてふくらませたものだ。

一方、中国には長い間民間で広まった「四大民間伝説」があり、長年ドラマ・映画の題材となっている。日本でよく知られるのは、七夕の原型となった「牛郎織女《ぎゅうろうしょくじょ》」だろう。「白蛇伝《はくじゃでん》」は、女性に化けた白蛇が人間の男と恋に落ちる異類婚姻譚だ。中国で人気なのはもちろん、1958年には日本初のアニメ映画にもなった。「孟姜女《もうきょうじょ》」は、万里の長城建設で夫を亡くした妻が、泣き声で万里の長城を崩したという伝説だ。最後の「梁山伯《りょうざんぱく》と祝英台《しゅくえいだい》」は、男装して塾に入った祝英台が、書生の梁山伯と義兄弟の契りを結び、やがて女性ということがわかり恋愛に発展する。しかし、結婚を許されずショックで梁山伯は病死する。それを知った祝英台が後を追い、2人は蝶になるという悲恋物語だ。中国版ロミオとジュリエットといえ、日中韓でブームとなった男装女子ドラマの原点ともいえる。

Ⅳ

図解で解き明かす中国歴代王朝の文化

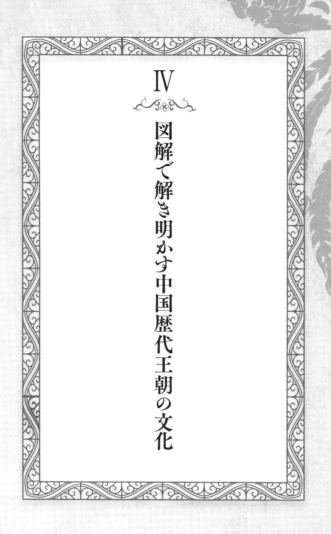

4000年の歴史を彩る「服装」の変遷

五行思想により色やデザインまで決められた官服

ファッションを巡っても「百家争鳴」

中国時代劇に登場する衣装は、どの時代の設定であっても華やかで豪華絢爛だ。古代中国では、紀元前5000年にはすでに服を着ていたという。最初はまだ麻で作られていたが、紀元前3000年頃には、蚕《かいこ》を飼って絹糸が生産されるようになる。伝説によれば、黄帝《こうてい》の后であった西陵氏《せいりょうし》が、絹と織物の製法を築いたという。あくまで伝説だが、少なくとも前漢《ぜんかん》の時代には、絹織物は産業として確立していたと考えられる。中国産の絹はヨーロッパでも珍重された。この絹の輸出ルートが、のちに「シルクロード」と呼ばれるようになる。

また、植物や貝殻、虫などの天然物を原料とする染色も行なわれていた。蚕が食べるものによって繭《まゆ》の色が変わることもわかり、表面を着色する方法から、色素成分のある植物と一緒に、煮沸《しゃふつ》と洗浄をくり返して色を定着させる、現在の染物技術も生まれている。

中国の伝統的な衣装を「漢服《かんふく》」という。初期の漢服は「上衣下裳《じょういかしょう》」と呼ばれるもので、上には襟《えり》のある上着、下は裳《も》というスカート状の下衣を着けていた。ゆったりとしたヒラヒラした衣裳を帯で絞めている。そもそも、「衣装（衣裳）」という言葉も「上衣下裳」からきている。

周《しゅう》の時代にはすでに形も整っていたようだが、時代や地域などにより違いもあった。特に春秋戦国時代《しゅんじゅうせんごく》になると、その違いが顕著になる。孔子《こうし》をはじめとした儒家《じゅか》は、周の礼にのっとった冠服制度を求めたが、専守防衛と清貧を尊ぶ墨家《ぼっか》は、衣服には実用性だけを求めた。韓非子《かんぴし》もまた、自然を尊び、装飾は排除するように主張した。諸子百家が議論を戦わせる姿はのちに「百家争鳴《ひゃっかそうめい》」と呼ばれたが、服飾の世界でも争鳴していたのだった。

また、陰陽五行説によって、国ごとに重視される色があった。陰陽五行説は、万物は陰陽という二つの気と、木、火、土、金、水という五行からなり、循環して世界を象《かたど》っているという考えだ。木が火を生み、土になり、金になり、水になるという「相生《そうしょう》」と、水は火に強く、火は金に強く、金は木に強く、木は土に強く、土は水に強いという「相剋《そうこく》」の関係にある。また、木が青、火が赤、土が黄色、金が白、水が黒と、それぞれに色もあてられていた。

戦国時代を制して中国をはじめて統一した秦《しん》の始皇帝は、この相克により、秦の色を黒とした。黄帝の治めた古代国家は土気の黄色、夏《か》は木の青、殷《いん》は金の白、周は火の赤で、火の赤を倒した秦は、水の徳による黒と考えたのである。これに対して、漢《かん》王朝は相生をもとに、夏を金、殷を水、周を木とし、秦を数に入れずに漢を火の徳を持った赤の国としている。

漢の代で定まった袍と庶民の服装

漢の時代、上下を一体化したガウン型の「袍《ほう》」が朝服《ちょうふく》として定着した。袍の下には、褌袴《とうこ》というズボンをはいた。袍の形式には区別はなく、前漢の時代は、ワンピースのようにすっぽりと入る綿入りの「曲裾袍《きょくきょほう》」が主流だった。時代が進み、後漢《ごかん》から三国時代にかけては、より軽装の「直裾袍《ちょくきょほう》」が定着していく。とはいえ、布地の密度や色は細かく定められ、位に応じて着るもので身分がわかるようにされた。これを「深衣《しんい》の制」という。

袍の色は、赤が最上位となる。袍の外側には、組綬《そじゅ》をつける決まりで、「組」は官印などをつける組みひも、「綬」は長方形の長布で、印を入れた袋をつけたことから「印綬」ともいう。この綬の長さで身分の高さが決まり、皇帝は黄赤の綬で、長さは二丈九尺九寸(約10メートル)で、絹糸の密度も五百首とされた。皇后や皇太后も同じだが、諸侯王は赤で長さは二丈一尺(約7メートル)、三百首であった。首の数が多いほど絹目が細かく、身分が高いことがわかる。

この時代、男子は長髪を結って簪《かんざし》などで固定し、頭巾や冠を付けていた。これが、頭頂部をさらすことを恥とする漢民族の文化につながっていく。身分の高い卿大夫《けいたいふ》が被る冠は「冕冠《べんかん》」といい、冠の上に板をのせ、すだれのような「旒《りゅう》」を垂らした。皇帝の場合、小玉をあしらった旒が前後に12ずつ計24本垂らされた。側面から簪を挿し、さらにあごに紐を結んで固定させ

前秦時代の襦裙

漢代の曲裾袍

た。冕冠は、黄帝の時代から使用されていたともいわれ、のちの隋《ずい》、唐《とう》の時代にも継承される。ただ、皇帝の衣服は祭祀用、朝議用、軍礼用、平服などさらに細かい決まりがある。

一方で、庶民の服装は、短い上着の「襦《じゅ》」と、ズボンの「褲《こ》」を組み合わせたものを着ていた。女性は襦と、長いスカートの「裙《くん》」を着用し、色は青と緑と定められていた。時代によっても変化するが、漢代では青と緑は、低俗な色と考えられ、その後も庶民の色として受け継がれていく。

前漢の8代昭帝《しょうてい》の時代、上官《じょうかん》皇后の祖父にあたる霍光《かくこう》が実権を握った。霍光は、皇帝が皇后以外の宮女に目移りしないように、宮女にズボンをはかせるように命令した。このズボンを「窮褲《きゅうこ》」というが、むしろ下半身を覆えることから、宮女の間で流行し定着していったという。

南北文化の融合で胡服を取り入れ新たなモードに

異民族の南下によって中国が分裂した五胡十六国《ごこじゅうろっこく》から南北朝にかけて、服飾の世界でも大きな変化が起こっている。それが、実用性を重視した異民族の「胡服《こふく》」の導入だ。

胡服そのものは、春秋戦国時代から知られていた。戦国七雄に数えられる趙《ちょう》は、騎馬戦に便利な胡服を導入した胡服騎射によって、周辺国を圧倒する強国へと成長した。

胡服は袖回りが筒状で、左衽《さじん》(左前)の上衣に袴《はかま》というズボンをはいた形である。中国の衣服は右衽《うじん》(右前)が基本であり、左衽を死者の服の着方とする。これは日本にも伝えられ、現在でも和服の着付に残る。当初、胡服は蛮族のものとして軽蔑されていたが、実用性の高さから庶民の間で流行した。やがて、胡服も右衽で着られるようになり定着していく。

一方で、異民族には、衣服によって地位の高さが一目瞭然という文化はないものだった。そこで、統治者にふさわしい衣服として、華やかな漢服が採用されていく。こうして、漢民族の間で胡服が流行し、異民族の間で漢服が流行する逆転現象が起きる。

華北を統一した北魏《ほくぎ》の6代孝文帝《こうぶんてい》は、漢族の皇帝服である袞衣《こんえ》と冕冠を着用して漢化政策を推し進めた。ただ、鮮卑《せんぴ》の一般庶民には動きにくい漢服が不評で、依然として胡服が着られていた。やがて、隋により中国が再統一されると、胡服の要素を取り入れた新たな漢服が定着し

唐末期の女性。額などに貼られているのが花鈿

丸い襟の袍を着ている唐代の男性

ていく。唐の時代には、シルクロード交易によって、西域《せいいき》のファッション文化も流入した。隋・唐の衣冠制度は日本にも伝わり、冠位十二階から七色十三階冠が定められている。

女性の宮廷ファッションは、ロングスカートを胸元で留め、長袖や半袖のボレロをまとい、ショールを腕や首にかけた形が基本となる。最初は細身のシルエットが流行したが、時代が進むと楊貴妃《ようきひ》のようにふくよかな女性がもてはやされる。異民族の皇后は、豊かな髪を結い上げて、金銀の櫛《くし》やひらひらした簪など、派手な装飾をほどこしていた。これが漢族の女性の間でも流行し、高貴な女性ほど頭が大きくなっていく。また、額《ひたい》に金箔などを貼って模様を描く「花鈿《かでん》」、えくぼを描く「面靨《めんよう》」など、独特のメイク法も流行した。

瑞祥をあしらった縁起の良いデザイン

日本や欧米では、ウェディングドレスは白が定番だが、中国では赤が縁起の良い色とされる。しかし、これは時代によっても違い、宋《そう》の時代は「紅男緑女」といって花嫁衣装は緑が定番であった。また、宋代には「纏足《てんそく》」が流行している。纏足とは、幼少期から足を布で縛り、小さな靴を履いて足の成長を阻《はば》むものだ。足の小さな女性をもてはやす風潮は宋代に大流行し、上流階級の間で続いていく。皇后が着る服は褘衣《きい》と呼ばれ、頭に載せる九龍四鳳冠《きゅうりゅうしほうかん》は、大小12本の花枝が付き、さらに左右に博鬢《はくびん》という葉状の装飾がついた大きなものだった。

その後、契丹《きったん》族の遼《りょう》、女真《じょしん》族の金《きん》、モンゴル族の元《げん》と、異民族の服飾が流入。元代の朝廷では、頭に円錐型の帽笠《ぼうりゅう》を載せて、質孫服《しっそんふく》という細身の服装が官服とされた。元の5代英宗《えいそう》の頃には、漢族風の衣冠制度が定められ、冬服で11種類、夏服で15種類の冠帽を定めたという。

しかし、明《みん》代になると、異民族に支配された反発から、伝統的な漢服への回帰の機運が高まる。唐や宋の時代の衣服が、さらに発展して華美になっていく。

明は五行思想により火徳の国として、赤を最高の色とした。皇帝や臣下の服装は用途にあわせて規定された。執務用の服は丸襟の袍で、腰巻や頭巾、靴などは唐・宋の時代のものを継承した。ただ、デザインは華やかになり、胸と背中に補子《ほし》という刺繍をほどこした。刺繍のデザ

明代の一品文官の補子。モチーフは「仙鶴」

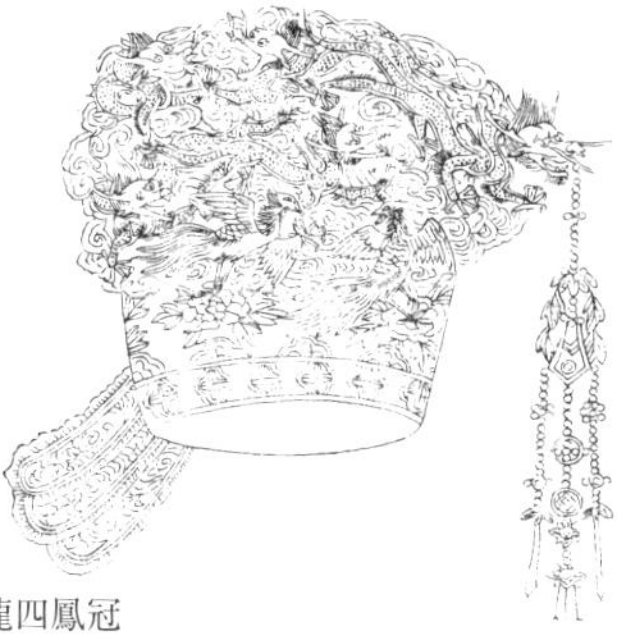

九龍四鳳冠

纏足

インは文官は鳥、武官は獣がモチーフにされ、一品文官が仙鶴、一品武官は獅子が用いられた。

皇帝の冕服《べんふく》の場合、冠の十二旒を色の違う12個の玉珠で1寸間隔につないだ。刺繍は、肩に日、月、龍の文様、背中には星辰《せいしん》と山、袖には火、華虫《かちゅう》、宗彝《そうい》という虎と猿の絵柄をあしらった。その後、民間でも吉祥《きっしょう》を招くとされる瑞獣《ずいじゅう》や、縁起の良い桃などをあしらった服が流行した。ただし、五本爪で二本の角を持つ龍は、元代から皇帝にのみ許された意匠だった。皇帝以外が使用すると罰せられ、諸侯王は四本爪、高級官吏《かんり》は三本爪の龍を使用した。

明代の官吏の服装は、漢服の完成型とされる。その後、清《しん》に支配され漢服は廃れていくが、京劇の衣装の原型となり、李氏朝鮮《りしちょうせん》王朝にも受け継がれた。

満州族の服や髪型を強制されながら定着

明の後に中国を支配した清は、制度こそ明の時代のものを受け継いだが、服装と髪型は満州族のものを強制した。これは、数の上では圧倒的な漢族との間で、衣服による民族的な差異をなくすため、または満州人に支配されることを実感させるための方策といえる。

満州族男性の辮髪《べんぱつ》は、戦時に兜《かぶと》を被るための髪型で、日本のちょんまげとは、剃る部分が違うだけで目的は同じだ。頭頂部をさらすことを恥とし、断髪を刑罰にもしていた漢族は反発した。しかし、「頭を留める者は髪を留めず、髪を留める者は頭を留めず」という徹底した命令により、反対者が次々に処刑され渋々従った。やがて、代を重ねるうちに定着していく。

男性の衣服は、防風防寒のために隙間を減らした詰襟服で、金属のボタンでぴったりと留めた。清は、八旗《はっき》と呼ばれる軍団制をとっていたことから、満州族の服を旗袍《チイパオ》・騎装・旗装などといった。皇帝の公式服は、肘と膝までの平袖で、金の丸ボタンで留める。皇帝のみに許された五爪の金龍の正面姿が、胸、背中、両肩に刺繍され、さらに左に日、右に月を飾る。

臣下は補服《ほふく》というゆったりとした服を着用した。ただ、季節や行事などによって素材やデザイン、色まで細かく定められていた。夏は涼帽（ボロ）という笠状の帽子、冬は暖帽（マハラ）という丼型の帽子を被った。また、北方民族らしく毛皮を使った防寒着が充実している。

皇帝の衣裳である龍袍を着ている乾隆帝

両把頭にした清朝の女性

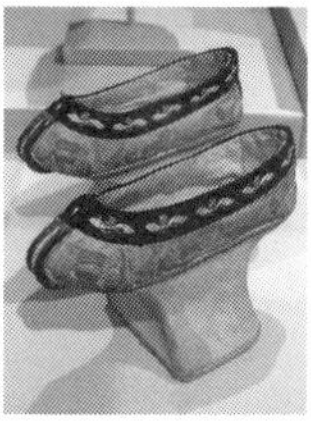
花盆底鞋

満州族の女性は、服の形は男性とあまり変わらず、両把頭《りょうはとう》という頭を両サイドでお団子にする髪形をしていた。両把頭は、時代が進むにつれ、頭頂部で巻き上げ、大拉翅《だいろうし》という髪飾りをつけることで巨大化していく。一方で、漢族の風習である纏足は禁止され、10センチほどのヒールのついた高底靴に、花の刺繍をあしらった花盆底鞋《かぼんていけい》を履いた。

男性が服や髪型まで厳しく定められたのに対して、漢族の女性については規制が緩かった。また、京劇の衣装、坊主や道士も漢服が許された。とはいえ、女性たちも、支配階級の満州族のファッションに憧れ、満州スタイルにする女性が多かったという。やがて、漢服と満州服が融合し、さらに洋服の影響も受け、チャイナドレスが生まれていく。

4000年の歴史を満たす「食事」の変遷

世界に冠たる中華料理は進化と融合をくり返す

古代から多様な食文化が生まれた懐の深さ

中国では、稲作は1万年以上前から行なわれていたともいう。長江下流の河姆渡《かぼと》遺跡では、紀元前5000年頃の水稲の種モミが発見されている。木の実や果実、動物を飼育していた痕跡もあり、多彩な食文化を持っていたことがわかる。

一方、黄河流域は乾燥地帯で稲作に適しておらず、ヒエや麦などが畑で栽培されていた。さらに北の地域は、ステップ気候で草原が多いことから遊牧に適していた。広大な中国では、南北で別の作物を栽培しながら異なる食文化を形成していった。これが、多彩な中華料理の源流になっていったといえるだろう。

酒の歴史も古く、紀元前にはすでに生まれていたという。諸説あるが、夏の時代に儀狄《ぎてき》という人物が発明したともいわれる。儀狄は夏の初代禹王《うおう》に酒を献上したが、禹王は酒のあまりの美味しさに驚きながらも「いずれはこの酒のために国を滅ぼすものが出るだろう」といって酒造りを禁じたという。果たして、禹王の子孫の桀王《けつおう》は、酒色に溺れて国を滅ぼした。

また、次の殷王朝では、最後の王となる紂王《ちゅうおう》が、象牙の箸を作った。これを聞いた王族の箕子《きし》が「象牙の箸を作ったら、次は玉の器や犀《さい》の角の杯を作るだろう。立派な食器なら料理も水牛や象や豹《ひょう》の肉を載せたくなる。豪華な食器に豪華な食事となれば、粗末な衣服と粗末な家屋では満足できず、錦の衣服と豪華な宮殿が欲しくなる。象牙の箸に釣り合うものを集めていけば、いずれ国中の財物を集めても足りなくなる」と恐れた。その通り、贅沢に際限がなくなった紂王は、酒池肉林を行なって堕落し、周の武王《ぶおう》によって滅亡している。

贅沢な食事は、それだけで富貴と満足感を得られやすい。王や皇帝が山海の珍味を取り寄せて贅を尽くすというのは、古代から行なわれてきた。もっとも、古代の料理は調理法も限られており、現在ほど多彩ではなかった。基本的には煮る、焼く、そして羹《あつもの》と膾《なます》くらいしかない。

羹は、肉や野菜を煮出したスープのことだ。代表的なのが羊を煮込んだ「羊羹《ようかん》」で、スープが冷めてゼリー状の煮こごりになったものが日本に伝わった。ただ、肉を食べない禅僧から伝えられ、日本では小豆が代用された。これが和菓子の「ようかん」になったという。

膾は生肉や生魚の料理である。現在の中国では火を通さないものは食べないが、これは元代以降のことで、古代には生ものも食べられていた。「羹に懲りて膾を吹く」ということわざは、熱い羹でやけどをしたのにこりて、冷たい膾を吹いてさまそうとする無意味な行動を指す。

上流階級の料理と庶民の料理

宮中の料理も庶民の料理も主食には差異はない。北方は麦が主食で、漢の時代には練った小麦粉を醱酵《はっこう》させたパンや、麵が誕生している。また、西域からは薄いパンを焼いた胡餅《こへい》が伝わり、後漢《ごかん》の12代霊帝《れいてい》の大好物だったことから貴族の間で流行し、やがて庶民にも広まった。

時代劇でよく見る饅頭《まんとう》の起源には、三国時代の名軍師・諸葛亮《しょかつりょう》が関わったとされる。蜀《しょく》の宰相《さいしょう》となった諸葛亮が、南征から帰る途中、河川の氾濫《はんらん》を鎮めるために、人身御供《ひとみごくう》となる人の頭を切って川の神に捧げる風習を見かける。そこで諸葛亮は、小麦で練った皮に羊や豚の肉をつめ、人の頭に見立てて川に投げ込んだところ、氾濫が鎮まったというのだ。

肉まんと三国志の意外なつながりだが、南方では米が主食であり、小麦粉料理の饅頭は北で生まれたという説もある。南方では炊いたご飯の他、粥やちまき、炒飯(チャーハン)などの米料理が発達していた。他にも、アワやヒエなどの雑穀も食べられていた。

ただ、主食以外では、富裕層と庶民では食べる料理にも違いがあった。庶民の食材は豚や鶏が一般的で、富裕層は羊やアヒルを好んだ。とはいえ、それも時代や地域性で変わってくる。遊牧民による金や元では、羊はむしろ身近な食材だった。逆にアヒルは南方で使われていたが、明代に北京に伝えられる。高級中華料理の代表とされる北京ダックは、そもそも南方由来のア

詩人・蘇軾の名をとった豚肉料理「東坡肉」

ヒル料理が進化したもので、生まれたのは清代末期とむしろ最近の料理だ。

また、宋の時代の蘇軾《そしょく》は、王安石《おうあんせき》が進める新法に反対して南の黄州《こうしゅう》に左遷された。そこで、晴耕雨読の生活を送り、南で一般的な豚の美味しさを知り、豚肉を煮込む紅焼肉《ホンシャオロウ》という料理を考案した。その後中央に復帰するが、政争に敗れて今度は杭州《こうしゅう》に左遷される。そこで治水事業を行なったところ、豚と紹興酒を贈られた。そこで蘇軾は、工事に協力した人々に紹興酒で味をつけた紅焼肉を振る舞った。蘇軾は詩人・書家としても名高く、号を東坡《とうば》といった。人々はこの豚肉料理を蘇東坡にちなんで「東坡肉《トンポーロウ》」と名づけ、杭州の名物料理となったという。庶民から上流階級へ、そしてまた庶民へと伝播《でんぱ》した料理の代表といえる。

美食を極めた宮廷料理の最高峰「満漢全席」

皇帝の食べる料理は、美味しいのはもちろんだが、むしろ健康面や安全面にも配慮しなければならない。古代から薬食同源の考え方が伝わり、バランスの良い食事が推奨された。また、食事中に毒殺された君主が多いことから、常に毒見役が置かれ、銀と象牙の箸が使用された。じつは銀や象牙には、毒を判定する効果があると考えられていたのだ。

宋の時代、熱を外に逃がさないかまどの登場で、高火力の調理が可能になり、冷めにくい炒め料理が次々と生まれた。何人もの毒見役を経て、冷めた料理しか口にできなかった皇帝は、ようやく温かい食事を摂れるようになったといえるだろう。

やがて、元など異民族に支配されるようになると、宮中の料理はモンゴル風になっていく。南北朝時代、北魏の賈思勰《かしきょう》が記した『斉民要術《せいみんようじゅつ》』には、農業、牧畜などの方法に加え、料理についても記されており、遊牧民の間では古くから乾酪《かんらく》(チーズ)が作られていたことがわかる。また、元は肉食文化であり、海産物を用いた料理は好まれなかった。

明の時代に入ると、太祖《たいそ》の朱元璋《しゅげんしょう》が江南《こうなん》の出身だったため、南方の味付けが好まれた。一方、3代永楽帝《えいらくてい》は北京を都としたため、南方の料理と北方の料理が融合する。また、現在は高級中華食材の代表ともいえるフカヒレとツバメの巣の料理も明の初期に生まれている。

■満漢全席

四八珍	
海八珍	燕窩(ツバメの巣)、魚翅(フカヒレ)、烏参(乾燥黒ナマコ)、広肚(魚の浮袋)、龍骨(チョウザメの軟骨)、鮑魚(アワビ)、海豹(アザラシ)、狗魚(オオサンショウウオ)
禽八珍	鵪鶉(ウズラ)、斑鳩(キジバト)、天鵝(ハクチョウ)、鷓鴣(コモンシャコ)、飛龍(ライチョウ)、彩雀(クジャク)、紅燕、紅頭鷹
草八珍	猴頭菌(ヤマブシタケ)、羊肚菌(アミガサタケ)、竹笙(キヌガサタケ)、花菇(シイタケ)、銀耳(シロキクラゲ)、黄花菜(ワスレグサ)、驢窩菌、雲香信
山八珍	駝峰(ラクダのコブ)、熊掌(クマの掌)、猴頭(サルの脳みそ)、猩唇(シフゾウの頬)、豹胎(ヒョウの胎盤)、犀尾(サイの陰茎)、鹿筋(シカのアキレス腱)、象抜(ゾウの鼻)

清の時代では、満州族の料理が持ち込まれた。4代康熙帝《こうきてい》は、質素な生活を心がけた名君として伝わるが、有名な「満漢全席《まんかんぜんせき》」をはじめて作らせたともいう。満漢全席とは、満州人と漢人の料理をあわせたフルコースで、南北の食文化の粋といえる。さらに美食家であった6代乾隆帝《けんりゅうてい》により、満漢全席は100種類以上の料理が並ぶ豪華な宴会料理として完成した。とても一日では食べきれないため、舞台などを見ながら数日かけて食したという。

乾隆帝の時代には、皇帝専門の帝国厨房が存在し、内部厨房と外部厨房に分かれていた。内部厨房は肉料理、野菜、焼き物、パンと米料理を担当し、外部厨房は宴会や儀式での料理を担当した。歴代王朝でも最大規模の厨房だったが、清の衰退とともに縮小されていく。

時代とともに外来種も取り入れる幅広い食材

広州《こうしゅう》は「食は広州にあり」といわれるほど料理が盛んな地域だ。「二足なら親以外、四足なら机と椅子以外、走るものなら自動車以外、泳ぐものなら潜水艦以外、空を飛ぶものなら飛行機以外」と、何でも食べるといわれる。鶏でも、トサカから足の爪まで余すところなく、それぞれにあわせた調理法が存在する。

カエルやヘビ、トカゲ、サソリや昆虫など、日本人からするとかなり抵抗のある食材も少なくない。皇帝が食したというサイやラクダ、ゾウやネズミなどは味の想像もつかない。

とりわけ犬は、庶民の食材として身近な存在で、外見はいいが中身が粗悪なことを意味する「羊頭狗肉《ようとうくにく》」という言葉も残る。ただ、遊牧民にとって犬は狩猟や牧畜のパートナーであり、北方民族が流入した南北朝時代あたりからタブー視されていく。

最大のタブーといえば人肉食である。「二足では親以外」というが、圧政や飢饉により困窮した農民が、子供を交換して食べたという記録が史書にも残る。こうした緊急時の究極の選択ではなく、むしろ好んで食べられていた例もある。春秋五覇のひとりである斉《せい》の桓公《かんこう》の料理人であった易牙《えきが》は、自分の赤ん坊を蒸し焼きにして献上し、料理長に抜擢《ばってき》されている。五胡十六国時代、後趙《こうちょう》の武帝《ぶてい》の太子は人肉が好物だった。時代が進むにつれ、物語などでは凄惨なシー

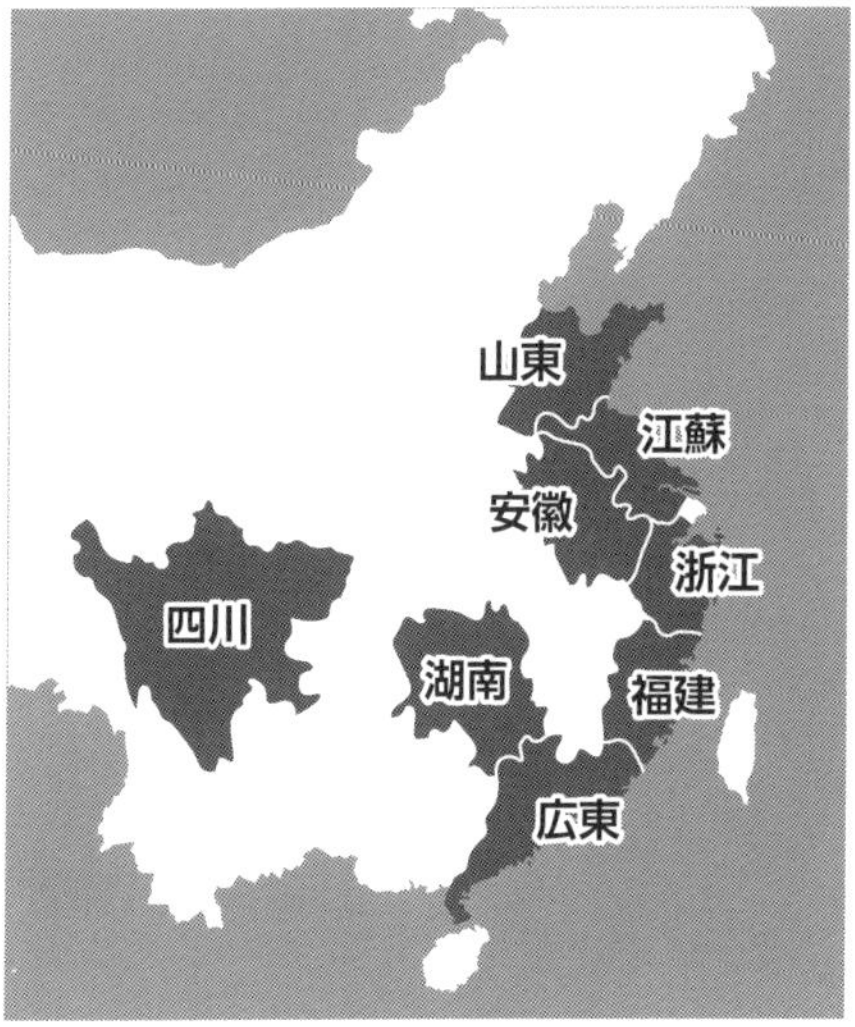

■八大菜系

系統	代表料理
山東料理	糖醋鯉魚（鯉の甘酢あんかけ）
江蘇料理	蒸蟹（上海蟹の姿蒸し）
浙江料理	東坡肉（豚肉の煮込み）
安徽料理	李鴻章大雑燴（李鴻章風ごった煮）
福建料理	仏跳墻（蒸しスープ）
広東料理	飲茶（点心）
湖南料理	酸辣湯（酸味のあるスープ）
四川料理	麻婆豆腐

ンとして描かれるようになるが、現実には人肉食は清代まで続いた。

このように、何でも食べてしまう中国では、海外から入ってきた食材も、とりあえず食べてみる。口に合わなければ、合うように改良したり、調理法を開発してきた歴史がある。

中華料理には欠かせない白菜は、英語ではチャイニーズキャベツという。じつは、チンゲンサイやシロナなども同じ名で呼ばれる。もとは中東原産のブラッシカ・ラパというアブラナ科の植物だったが、紀元前から中国に入り、長い間の品種改良で様々な野菜に進化したのだ。現在のような結球した白菜は、16世紀頃の明代になって誕生したという。

明では、永楽帝の命令により鄭《てい》和《わ》の大航海が行なわれていた。こうした海外との交易のなかで、麻婆豆腐に欠かせない唐辛子や、青椒肉絲《チンジャオロースー》に必要なピーマンが中国に入ってきた。清の時代には、アメリカ原産のトウモロコシやカボチャ、サツマイモも栽培されるようになった。

逆に、中国から世界に広まったのが「茶」だ。茶の原料となるチャノキは、中国南部から東南方面に広まったという。この茶葉を焙煎《ばいせん》したものが緑茶、醗酵させたものが紅茶、半醗酵したものがウーロン茶となる。英語で茶を意味する「ティー」も語源は「チャ」である。

中国では多様な喫茶文化が生まれ、日本では茶道が創設され、ヨーロッパでは紅茶ブームが起こった。茶は中国の主要輸出品として高値で取引されたが、安く取引をしたいイギリスがアヘンを流通させたことが、アヘン戦争のきっかけといえる。

また、すべての時代を通して貴重だったのが、調味料の「塩」だ。歴代王朝では、財源確保のために、塩が専売品とされてきた。海から遠い内陸部では、塩が貴金属以上の価値を持った。元は、貨幣経済を活性化させるため「交鈔《こうしょう》」という紙幣を発行したが、紙幣の信用を高めるため、いつでも同額の銀か塩と交換できるようにしていた。

旅人の安らぎの場「客桟」は命がけの外食産業

中国では、古来から市による売買が行なわれていた。漢の時代には、そうした市で食べ物が売られるようになり、外食産業が発達していく。豚の丸焼きや干し肉、羊肉や馬肉のスープ、麺なども売られていた。手間のかかる肉料理は、買い物の際のご馳走だったといえる。

唐の時代になると、人々の生活も安定し、長安《ちょうあん》の都には、常設の居酒屋や飲食店が軒を連ねる。居酒屋は酒肆《しゅし》、酒楼《しゅろう》、酒家《しゅか》などと呼ばれた。広州では、飲茶文化が広まったことにより、お茶と点心を楽しむ茶館《ちゃかん》、茶楼《ちゃろう》も生まれている。現代の中国では、ホテルのことを「酒店《しゅてん》」や「飯店《はんてん》」と表記することが多い。もともとは、飲食がメインで、宿泊も可能だったことの名残りといえる。同様に賓館《ひんかん》という言い方もあり、これはゲストを招く宿泊施設で、料理は酒楼などから配達させていた。名前のイメージと違い、現在は酒店や飯店よりワンランク下の扱いだ。

一方で、普通の旅の宿は「客桟《きゃくせん》」といった。中国は広大であり、しかも当時の旅は乗馬か徒歩でしかできないため、何日もかかるのが当たり前だ。そこで、街道のポイントごとに、寝場所と食事を提供する客桟が生まれたのだ。客桟は下賤な仕事と考えられ、多くは木造の粗末な造りで、食事も基本的なものだけだった。明代以降には、商業が発達して人の往来が活発化し、都市部では30以上の客室を備えた豪華な宿も生まれている。

この宿賃を節約して野宿すると、山賊や盗賊に狙われる危険性が高まる。そのため、手紙や荷物を届け、旅人を警護する、用心棒と運送業を兼ねた「鏢局《ひょうきょく》」という仕事も繁盛した。もっとも、宿に泊まったからといって安心ではない。むしろ旅人が集まる場所として、常に山賊などから狙われていた。賭博や喧嘩も横行し、決して治安は良くなかった。

4000年の歴史を育む「文化」の変遷

悠久の歴史のなかで生まれていった娯楽の数々

軍事訓練と教養に役立った皇帝の遊び

古来から、君主は力自慢の力士を戦わせたり、弓の腕を競わせたりしていた。秦の武王《ぶおう》は、鼎《かなえ》の挙げ比べに参加し、骨を折って死亡している。なかでも「狩り」は君主のたしなみとして推奨され、狩猟と牧畜を生業《なりわい》としてきた北方民族の王朝で重視されていた。

春秋戦国時代、斉の将軍の田忌《でんき》が、王と競馬の三本勝負を行なった。競馬といっても、馬に引かせた戦車レースである。田忌の客人だった孫臏《そんぴん》は、相手の一番強い馬にこちらの一番弱い馬、中くらいの馬には一番強い馬、一番弱い馬に中くらいの馬を当てるように助言。その結果、田忌は2勝1敗で勝利した。その後、孫臏は王に推薦されて斉の軍師となった。

唐の時代に流行した打馬球は、イギリスのポロと同じで騎乗したままスティックで球を打ちあい、相手の陣地にゴールする競技だ。もともとは中東で生まれ、ヨーロッパや中国に伝播した。馬に乗らない毬杖《ぎっちょう》（ホッケー）、集団でボールを奪いあう蹴鞠《けまり》（サッカー）、捶丸《すいがん》（ゴルフ）

投壺をしている風景

など、現代にもつながるスポーツの原型が、古来より行なわれていた。

室内競技の代表といえば囲碁（囲棋）だろう。もともとの囲碁は占星術の一種で、碁盤を宇宙、石を星とし、自分の石で満たしていく。紀元前には戦略シミュレーションゲームとして定着した。囲碁と並ぶ将棋は、古代インドのチャトランガが起源とされる。日本の将棋やヨーロッパのチェスも、同じくチャトランガが起源だ。中国の将棋は「象棋《シャンチー》」という。兵士や武将に見立てた駒が、王の駒を取りあう盤上の模擬戦という意味では同じである。いずれも皇帝自身が参加したり観戦して楽しむものだが、軍事訓練の意味もあり、統治者の教養ともいえる。

その他、矢じりのない矢を壺の中に投げ入れる「投壺《とうこ》」という遊びがあった。負けたものが酒盃を飲み干すなど、酒宴の遊びだったが、儒教教典の『礼記《らいき》』にも投壺のルールが記されている。矢や壺の大きさ、投げ入れる順番など、礼法のひとつでもあったのだ。

一方で、趣味で国を滅ぼしてしまった君主もいる。春秋時代の衛《えい》の懿公《いこう》は、鶴を愛しすぎて爵位まで与えたため、戦争では「鶴に戦ってもらえばいい」と誰も味方しなかったという。

北宋《ほくそう》の8代徽宗《きそう》は、「風流天子」とも呼ばれ絵画に才能を発揮した。さらに造園が趣味で、全国から珍しい石を集める「花石綱《かせきこう》」を行なった。石集めに多くの民衆が動員され、運搬中に破損しようものなら厳罰に処された。これが反乱の温床となり、金の侵入を招くことになる。

また、古代から「六博《りくはく》」というすごろくに似たボードゲームが行なわれていた。名君として名高い前漢の景帝《けいてい》は、若い頃に親戚の呉王《ごおう》の子と六博で遊んでいたところ喧嘩になり、盤を投げつけて殺してしまったことがある。この遺恨が、のちに呉楚七国の乱に発展した。こちらは勝って王権を高める結果となったが、統治者が趣味に没頭するのはやはり危険である。

賭博から京劇まで庶民の娯楽

古代ローマの詩人ユウェナリスは、民衆が求めるのは常に「パンとサーカス」だと風刺した。食が満たされ、娯楽に興じることができれば、民衆は反抗心を抱かないというのだ。中国でも、上流階級の間で広まった娯楽の数々は、やがて民間に浸透していく。

鶏同士を戦わせる闘鶏は、本来祭祀的な意味合いのある皇帝の娯楽だった。しかし、唐の時代から、コオロギを戦わせて遊ぶ「闘蟋《とうしつ》」が流行する。コオロギのオスが好戦的であることを利用し、細い棒で突きながらコオロギを刺激して戦わせるのだ。そのため、強いコオロギを見分けたり、飼育する方法を記したマニュアル本まで出されている。闘蟋の流行は清の時代まで続いたが、そもそもコオロギを愛《め》でるためではない。明代から上流階級の間で、観賞用に鳥を飼うことが流行っていたが、コオロギを飼うのはあくまで賭博のためだった。

賭博の歴史は古く、「博」の語源は「六博」からきているといわれる。そもそも、朴占《ぼくせん》で国の命運を予測するというのも、かなりなギャンブルといえる。庶民の間では、もっと簡単なゲームにより賭博が行なわれていた。並べた3つの茶碗に小さな玉を入れ、素早く入れ替えながらどこに玉が入っているか当てさせるシンプルなゲームは、時代劇でもよく見る光景だ。胴元がイカサマをしているのも定番だが、このようにギャンブルは裏社会の資金源でもあり、反対に賭博で生計をたてるようなプロの博徒も生まれている。

中国の代表的なゲームとしては、麻雀がよく知られている。日本では賭博のイメージが強いが、中国では家族で楽しむ大衆娯楽だ。ただ、時代劇ではあまり見かけない。麻雀の起源には諸説あるが、19世紀後半の清代で生まれたといわれ、歴史的にはそう古くない。ただ、それまでにあった「葉子《ようし》」というカードゲームと、「骨牌《こっはい》」というドミノに似たゲームを合体させたものだといわれている。葉子は別の名を馬弔（マーディァオ）ともいい、これがマージャンの語源ともいう。骨牌は牌九《パイガオ》として、現在も中華圏のカジノでは人気ゲームとなっている。

より大衆向けの娯楽としては、観劇がある。祭祀からはじまった歌舞は、唐代末期の混乱から市井に流れ、より大衆受けする演劇へと発展していった。「京劇《きょうげき》」が最も有名だが、京劇は清代に入ってから生まれたもので、曲と劇をあわせた舞台劇としては「崑劇《こんげき》」が明の時代に流行している。その前の宋の時代、都の開封府《かいほうふ》には「瓦舎《がしゃ》」という、劇場の立ち並ぶ通りがあり、様々な劇が披露され、傀儡戯《かいらいぎ》という人形劇もあった。

様々な時代を題材とした劇を「雑劇《ざつげき》」というが、中国では長い歴史のなかで地域ごとに確立された演劇があり、その種類は300以上といわれる。女真族が統治する清のもとで発展した京劇では、『三国志』や『水滸伝』などの中国の古典を題材にしたものが多い。京劇の流行は、異民族に支配される漢族のガス抜きという側面もあったようだ。

人生観から国の在り方まで示す宗教

歴代王朝では、儒教、道教、仏教を三大宗教としてきた。それ以前には祖霊信仰や、漠然と天を崇拝していたが、やがて天帝と天子の関係も各宗教に取り込まれていく。

儒教は、春秋戦国時代の孔子が開いた。古代国家の礼にならって、君主は徳によって国家を治め、男女の別や長幼の序を守って身を慎しんでいれば、理想的な国ができるというものだ。
前漢の武帝は、儒教を国の制度に取り入れた。官吏を養成する「太学《たいがく》」に五経博士《ごきょうはかせ》を置き、儒教教典の『詩経《しきょう》』、『書経《しょきょう》』、『礼記』、『易経《えききょう》』、『春秋《しゅんじゅう》』の五経を学ばせた。さらに『論語《ろんご》』、『大学《だいがく》』、『中庸《ちゅうよう》』、『孟子《もうし》』の四書を加えた「四書五経」が、官吏登用の必修科目となる。日本や朝鮮半島にも広まったが、日本では宗教というより思想や学問として浸透した。

道教は、孔子と同時代の老子《ろうし》、戦国時代の荘子《そうし》を創始者とする。ただ、老子が実在したかは不明だ。無為自然を尊び、古代神話から陰陽思想や神仙思想を取り入れている。武帝が儒教を信仰するまで、漢は道教の思想をもとに政治が行なわれていた。ただ、宗教として確立するのは南北朝時代になってからといえる。北魏《ほくぎ》の太武帝《たいぶてい》は、道教を国教と定め、道教の寺院である道観を建設した。日本では、陰陽道《おんみょうどう》や修験道《しゅげんどう》に変化している。

仏教はインドの釈迦(ゴータマ・シッダールタ)が創始した外来宗教だ。紀元前には中国に伝播したが、西域出身の仏図澄(ブドチンガ)、鳩摩羅什(クマラジーヴァ)といった僧によって広まった。南北朝時代の菩提達磨(ボーディダルマ)は、武術で有名な嵩山少林寺《すうざんしょうりんじ》を開き、禅宗の開祖となっている。日本には大陸の最新学問として入り、やがて宗教として定着した。

歴代王朝は、三大宗教を保護したものの、そのなかでも信奉する宗教を国教とした。隋は前身である北周《ほくしゅう》が、廃仏を推進していた反動で仏教を信仰した。唐では道教が国教とされており、玄宗《げんそう》は日本が仏教を熱心に取り入れるのを不快に思い、道教をすすめている。皇帝が信奉しない宗教は逆に弾圧を受けることもあった。とはいえ、多くの場合は、前王朝で国教として権勢を誇り、腐敗したことによる弾圧だったといえる。

その他にも様々な宗教が生まれ、三国時代の武将の関羽《かんう》、同じく三国時代の鄧艾《とうがい》、南宋《なんそう》の岳《がく》飛《ひ》など、実在の人物も神として祀《まつ》られる。時には、黄巾《こうきん》の乱の「太平道《たいへいどう》」や紅巾《こうきん》の乱の「白蓮《びゃくれん》教《きょう》」など、宗教が反乱勢力の母体となることもあった。

祭祀から庶民にまで浸透した中国の節句

中国では祝祭日や記念日を「節」という。「春節《しゅんせつ》」、「清明節《せいめいせつ》」、「中秋節《ちゅうしゅうせつ》」は三大節句と呼ばれる。なかでも重視されるのが旧正月にあたる「春節」だ。中国では旧暦の1月1日が新年にあたり、至るところで花火が打ち上げられ、爆竹が鳴らされる。これは、厄災が大きな音や火を嫌うとされているためだ。家の門に赤い紙を貼るのも厄払いの意味がある。

新年の行事は約2週間にわたって続き、15日の「元宵節《げんしょうせつ》」で閉じる。小正月にあたる元宵節では、軒先や通りにいくつもの提灯(燈籠)が並べられる。由来には諸説あるが、漢の時代から行なわれていたともいう。唐の都である長安は、普段は夜間の外出が禁じられていたが、元宵節に限っては許され、提灯見物に城外からも人が訪れた。ドラマでは提灯を夜空に飛ばす、幻

■中国の代表的な節句

節句	日程
春節※	旧暦の1月1日（1月下旬〜2月中旬）
元宵節	旧暦の1月15日（2月初旬〜下旬）
清明節※	旧暦の春分の日の15日後（4月5日前後）
端午節※	旧暦の5月5日（6月上旬〜中旬）
七夕節	旧暦の7月7日（8月上旬〜下旬）
中元節	旧暦の7月15日（8月下旬〜9月上旬）
中秋節※	旧暦の8月15日（9月中旬）
重陽節	旧暦の9月9日（10月中旬）
除夕	旧暦の大晦日（1月下旬〜2月上旬）

※印は現代の中国でも国民の祝祭日とされる。

提灯が飾られている元宵節の風景

想的なスカイランタンが演出として使われる。提灯に願い事を書いて飛ばすことから「許願灯《きょがんとう》」、三国時代の諸葛亮の冠帽に似ている（発明者とも）ことから「諸葛灯《しょかつとう》」とも呼ばれる。

「清明節」は、春分の日の15日後、4月5日前後に先祖の墓参りをする日である。春秋時代の晋《しん》の文公《ぶんこう》が、忠実な臣下を焼死させてしまったのを後悔し、毎年火を使わず食事をとる「寒食《かんしょく》節《せつ》」を定めた。清明節は寒食節の翌日にあたり、清代で寒食節の禁火が軽減されたことで寒食節を吸収する形で定着した。中国の墓参りは、冥界で死者がお金に困らないように、紙銭という擬似紙幣を燃やす。

「中秋節」は旧暦の8月15日に行なわれ、日本でいう「十五夜」にあたる。月を観賞しながら食べるお菓子が月餅《げっぺい》で、家族の円満と幸せの象徴とされている。十五夜の美しい満月を「中秋の名月」というのも中秋節からきている。

現代の中国では、5月1日のメーデー（国際労働節）など、共産主義国らしい祝日が多いが、三大節句は国民の重要行事である。その他、旧暦の5月5日に龍舟（ドラゴンボート）をくり出す「端午節《たんごせつ》」、お中元の語源となったお盆の「中元節《ちゅうげんせつ》」、7月7日の七夕《しちゆう》、9月9日の重陽《ちょうよう》など、日本にも伝えられた節句がある。また、収穫祭や豊穣祈念祭のような、農業由来の地域性に富んだ祭りが、全国各地に根付いている。

皇后をも輩出した妓女は娼婦ではなく芸能人

時代劇の舞台として、たびたび登場するのが妓楼《ぎろう》だ。妓楼で働く妓女《ぎじょ》は、華やかな衣装をまとい、美しい舞や歌で男性客を虜《とりこ》にする。男を惑わす悪女もいれば、悲劇のヒロインもいる。中国で妓女という言葉が登場するのは、後漢の頃からという。「妓」には「伎」、「技」という意味があり、舞や歌を披露する宴会でのコンパニオン的な存在だった。現代的な感覚では娼婦のイメージだが、体を売るのは一部だけだったという。そもそも「娼」という字も「唱」と重なっており、もともとは歌手のような存在だったようだ。

後宮に所属する妓女は、教坊《きょうぼう》や梨園《りえん》という訓練機関で芸を磨き、皇帝の前で披露して座を盛り上げる。その他、貴族が個人的に妓女を抱えている場合もあった。上流階級を相手にする

■妓女の分類

名称	役割	著名な人物
宮妓	皇帝の後宮に所属する。占領国の後宮や、罪を犯した高官の妻女などから採用。外国から献上された女性もいた。	衛子夫(前漢武帝皇后)、趙飛燕(前漢成帝皇后)
家妓	高官や貴族など私人に属する。愛人として妾や姫と呼ばれるものもいた。のちに商人や豪農も家妓を抱えた。	趙姫(始皇帝の母)
営妓	軍の管轄化に置かれ、軍営の官人や将兵を芸によって慰問する。唐代に節度使が置かれると各地に常駐した。	薛濤(詩人、王羲之の弟子)
官妓	府や州の管轄化に置かれ、地方官僚や地方の有力者、中央官僚の接待に使われた。収益は地方の財源となる。	陳円円(将軍呉三桂の愛妾)
民妓	民営の妓楼に所属する私有の妓女。下級官吏や民間人の相手をする。体を売る目的の妓女も含まれる。	李師師(北宋徽宗の妃嬪)

※妓女はどんなに才能があっても身分は低く、外出も制限されていた。

妓女には、美しさだけではなく教養も求められた。楽器演奏の他、漢詩、文学、絵画、茶、料理、香、書、囲碁、薬学など、様々な技芸に通じた妓女は、名だたる文人たちからもその才能を認められたほどだ。前漢の武帝の寵愛を受けた衛子夫《えいしふ》のように、皇妃となった妓女もいる。

時代が安定すると、都の中にも妓楼が作られ庶民も利用した。唐の長安では北里《ほくり》、明の南京では曲中《きょくちゅう》という色町があった。とはいえ、妓楼で遊ぶのはかなり値が張り、富裕層だけに許された娯楽だった。そして、民妓のなかでも最下層の妓女が、体を売って稼ぐようになる。

清代末期、西太后《せいたいこう》が生んだ10代同治帝《どうちてい》は、19歳で天然痘にかかり病死したという。一説には、10代の頃からお忍びで城外の妓楼に通いつめ、梅毒に感染したのが原因ともいわれる。

4000年の歴史を創る「制度」の変遷

数々の王朝が挑んだ王権確立の身分制度

王朝交代で改変され進化した統治の方法

皇帝が絶対王政の権力者となるには、長い年月をかけた統治制度の改正が必要だった。殷の時代の王は、連合国家のリーダーに過ぎなかった。そこで周では、王が諸侯の任命権を持ち、公《こう》・侯《こう》・伯《はく》・子《し》・男《だん》(五爵)の序列をつけて領地を与えた。この段階では領地の統治権は諸侯にあり、世襲が認められていた。諸侯は領地内では卿や大夫、士を置いて支配を固めた。

やがて、戦国時代に君主への権力集中が図られる。各国は富国強兵に努め、そこから抜け出した秦の始皇帝が中国を統一する。始皇帝は「郡県制」を敷き、すべての国土を皇帝の直轄領として、地方に官僚を配置した。絶対権力を持った皇帝による独裁政権がここに生まれる。

続く漢王朝では、皇帝の直轄地は郡県制だが、諸侯を王に封じる「郡国制」を敷いた。ただ、諸侯王の領地が大きくなったため、「国士無双」と謳《うた》われた建国の功臣である韓信《かんしん》を粛清するなどして、自分の一族に置き換えていく。とはいえ、一族の諸侯王も、代を重ねるうちに結束は

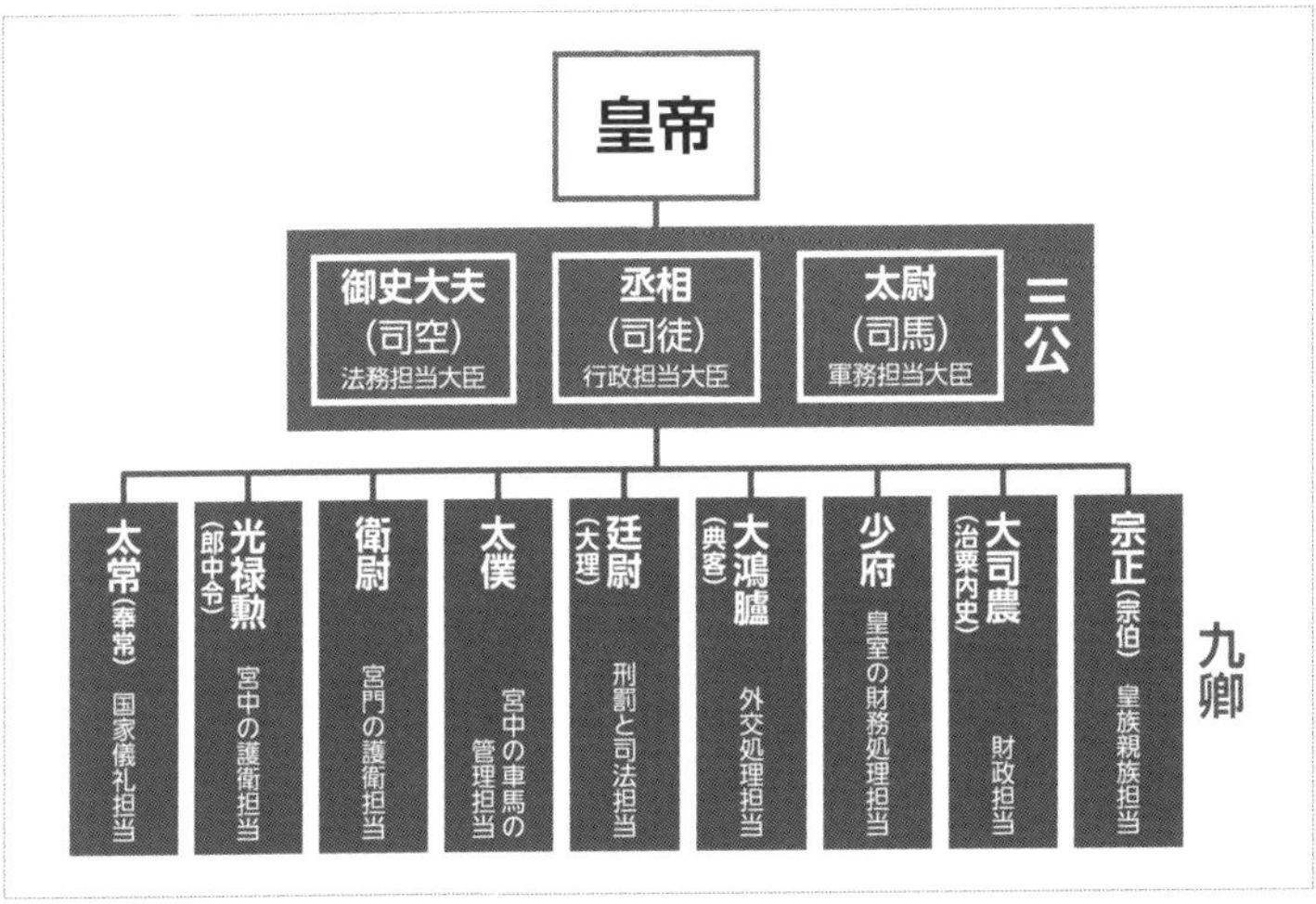

■漢代の三公九卿 ()は役割

弱まっていく。7代武帝は、父の景帝が呉楚七国の乱で諸侯王の力を削いだのを契機に、中央集権化を進める。郡県制を確立させると、13に分けた州刺史《しし》に郡の太守を監督させた。ただ、後漢末期になると、中央の腐敗により、郡太守や州刺史が群雄となっていく。

三国時代に最大勢力となった魏の曹丕《そうひ》は、血縁者を重職につけずに側近の司馬懿《しばい》を重用した。それが司馬氏による皇位簒奪《さんだつ》を招き、司馬氏の建てた晋では、逆に一族を王に封じて厚遇した。しかし、一族内での勢力争いが激化して「八王の乱」を招く。

その後は、部族ごとにまとまっていた北方の遊牧民族が、南下して戦乱の時代となる。南北朝時代に中国を再統一した隋は、様々な制度改革を行った。改革は次の唐に引き継がれ、支配体制が一元化された。軍制では、地方軍の力を削ぐ府兵制をしいたが、国境守備のための城砦都市である鎮に置いた節度使が、次第に軍閥化して反乱、独立勢力となっていく。

乱立した国々を降した宋では、軍人に力を持たせない文治主義に転換した。皇帝が任命した官僚が民衆を監督し、地主層の力が拡大していく。ただ、皇帝直属の禁軍は儀仗兵《ぎじょうへい》のようになり、地方軍は弱体化し、北方民族の侵入を招くことになる。

モンゴル族の元は、モンゴル第一主義をとって漢民族を下位に置いた。官僚制度による税収が激減した一方で、商業を強化して利益を得た。元を北に追った明は、逆に農業を主な産業として強化した。女真族の清が台頭すると、満漢偶数官制によって、主要な官職は満州族と漢族から同数を置いて同化政策を進めた。その清も、辛亥《しんがい》革命によって滅亡する。

中国の歴代王朝は、長い年月の間に興亡をくり返して来た。どんなに革新的な制度も、名君のもとでは善政となるが、暗君の統治のもとでは汚職や専横が行なわれ、やがては国の滅亡につながる。結局のところ、皇帝の指導力次第となるのが、絶対王政の長所と短所といえる。

格差のなかで生まれた身分制度と官職

中国では、古代から身分格差があった。古代神話では、三皇《さんこう》の女媧《じょか》が泥をこねて作った人間が貴人となり、縄で泥をはねて飛び散ってできた人間が平民になったともいわれる。

殷以来、戦争で獲得した捕虜や罪人が奴隷として扱われた。男の奴隷を「奴《ぬ》」、女の奴隷を「婢《ひ》」といい、まとめて奴婢と呼ばれる。奴婢には国や官庁が抱える官奴と、個人所有の私奴があった。官奴は、皇帝陵の建設や治水工事といった重労働に従事し、祭祀の生贄《いけにえ》にされることもあった。私奴は富裕農民の小作や商人の使用人となった。

律令が定められて法制度が整うと、正式に国家制度として奴隷が認められる。国民は自由民である良民と、奴婢など下賤な仕事をする賤民《せんみん》に分けられた。歴代王朝では、たびたび奴隷解放が行なわれたが、戸籍を持った平民を増やすことで税収を上げようとした部分もある。

上流階級にも、皇帝を頂点とする身分制度が整えられていった。封建制度のなかでは、皇帝を頂点とし、一族を諸侯王に任じるが、中央では王を補佐する宰相《さいしょう》職のもとで政治が運営された。前漢では、最高位の相国《しょうこく》は、建国の功臣である蕭何《しょうか》、曹参《そうしん》に匹敵する功績が必要とされた。そのため、後漢で専横をふるった董卓が就くまではほとんどいない。代わりに行政長官である丞相《じょうしょう》（司徒《しと》）が宰相にあてられた。これに軍事を司る太尉《たいい》（司馬《しば》）、監察と公共事業を手がける御史大夫《ぎょしたいふ》（司空《しくう》）が三公《さんこう》と呼ばれた。その下に九卿《きゅうけい》と呼ばれる各官庁の長官がつき、三公九卿となる。

隋の時代になると三省六部《さんしょうりくぶ》に整えられ、唐の時代にも引き継がれた。ただ、三省の尚書令《しょうしょれい》は、唐の太宗《たいそう》である李世民《りせいみん》が就いていた役職だった。そのため欠番となり、次官の左僕射《さぼくや》・右僕射《うぼくや》

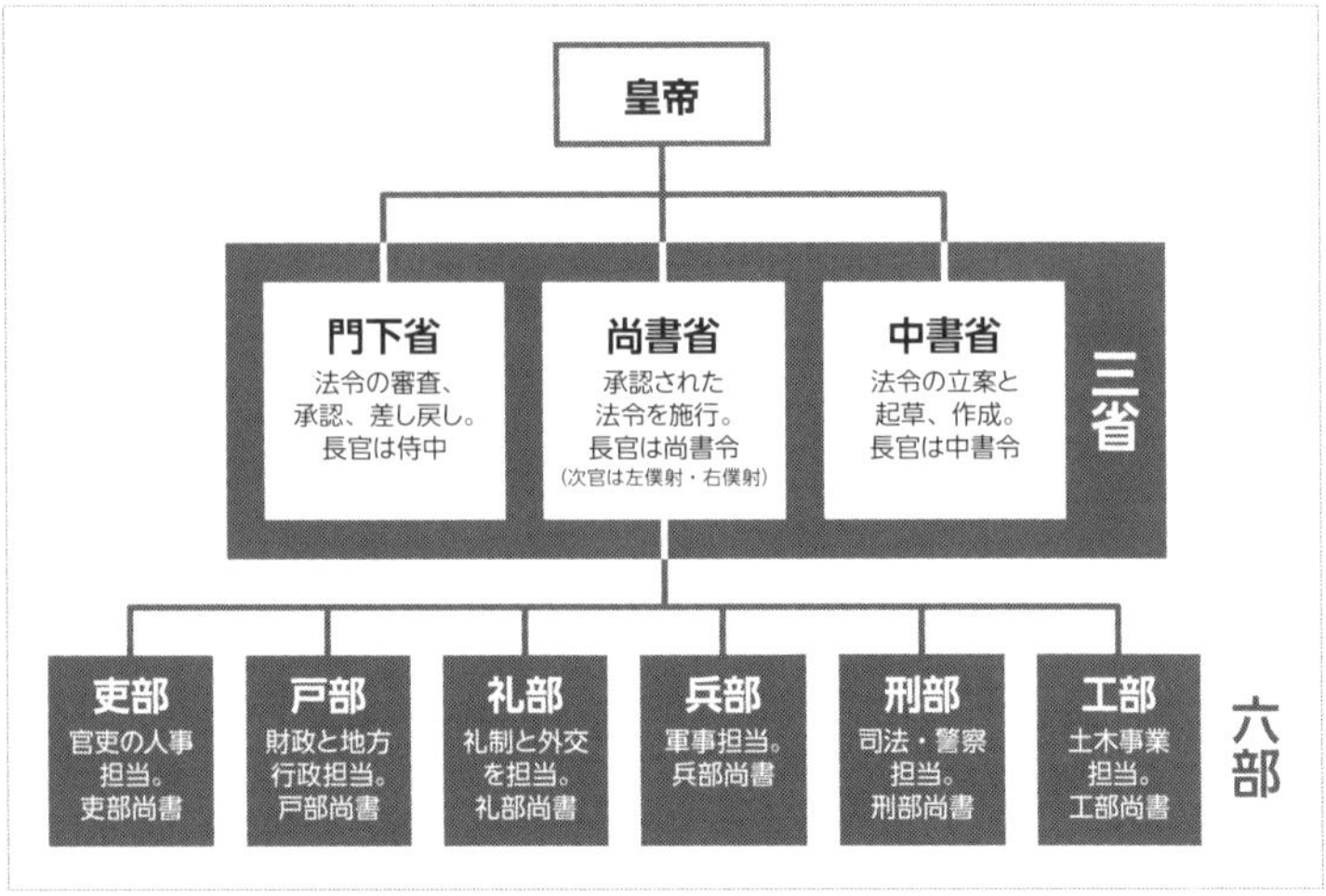

■唐の時代の三省六部　※明代に三省は廃止され、六部は皇帝直属となる。

が実質的な長官となっている。また、監察機関として御史台が設置されている。

時代とともに三省の権限が弱くなると、明の時代には廃止され、六部が皇帝直轄となった。新たに皇帝を補佐する役職として内閣大学士が置かれ、宰相の代わりとなる。内閣大学士は、清の時代にも受け継がれたが、皇帝直属の諮問機関として軍機処《ぐんきしょ》が力を持つようになると、複数の軍機大臣が、六部を通さずに地方に直接命令できるようになった。

軍事面では、戦国時代から将軍が指揮官となったが、兵は庶民を徴発していた。三国時代の曹操《そうそう》は屯田《とんでん》制を実施して、開墾と軍事訓練を同時に行なった。その後、職業軍人が増加して制度も固まっていく。宋の軍事制度では、大将軍が最高職の一品であり、驃騎《ひょうき》将軍、車騎《しゃき》将軍、衛《えい》将軍、諸《しょ》大将軍が二品となる。以下征東、征南、征西、征北など、各方面を統括する将軍が置かれた。将軍位は、日本や朝鮮王朝などの朝貢国の君主にも与えられた。時代劇では、宮中の護衛官である侍衛《じえい》、警察官にあたる捕吏《ほり》などがよく登場する。

生前の功績によって死後につけられた皇帝の呼称

皇帝の呼び方も時代によって変化する。周の武王や、漢の武帝、隋の文帝《ぶんてい》というのは、生前の功績によってつけられたもので「諡号《しごう》」という。そのため、国を傾けたり滅ぼした皇帝には「霊」や「煬」など不名誉な字があてられる。諡号は皇帝以外にも使われている。

時代が進むにつれ、皇帝の諡号が長くなっていったため、唐代からは死後に葬られる廟につけられる「廟号《びょうごう》」で呼ぶようになる。唐の玄宗は廟号で、諡号は文武大聖大広孝皇帝という。廟号は「祖」と「宗」があり、祖は初代皇帝や偉業を成し遂げた皇帝につけられ、宗は通常の皇帝につけられる。廃位されるなど、正式な皇帝と認められない場合は廟号がつけられない。

明代から、皇帝ひとりにつき元号がひとつという「一世一元の制」が定められた。これにより皇帝は元号を冠して呼ばれるようになる。明の「洪武帝《こうぶてい》」からはじまり、のちの清の時代にも受け継がれている。日本でも、明治天皇以降は元号を冠した呼称を用いる。

いずれも死後につけられた名前で、唐の高祖には李淵《りえん》、明の洪武帝には朱元璋《しゅげんしょう》という本名がある。ただ、中国では本名のことを「諱《いみな》」といい、親や君主以外が呼ぶのは失礼にあたる。そのため、「字《あざな》」という別の名が使われた。三国時代の劉備《りゅうび》は、劉が姓で名前が備、字が玄徳《げんとく》で「劉元徳」と呼ばれる。皇帝を本名で呼ぶことは絶対に許されず、書くことも禁じられた。臣下の最高職である相国は、もともとは相邦《しょうほう》といった。しかし、漢の太祖の劉邦《りゅうほう》の諱が邦だったため、国という字に差し替えられたのだ。また、皇帝と同じ名をつけることも禁止されていた。そもそも中国は姓が少なく、同姓同名が多い。皇帝側でもあえて難しい漢字を使い、同姓同名を避ける傾向があった。明の宣徳帝《せんとくてい》の諱は瞻基《せんき》、清の雍正帝《ようせいてい》の諱は胤禛《いんしん》という。

臣下が皇帝のことを呼ぶ場合には、陛下、皇上、聖上、天子、万歳爺などが使われる。皇帝自身が自分のことを呼ぶ場合は、始皇帝が定めた「朕《ちん》」が定着した。

壮絶な受験戦争でエリートを選出した科挙

優秀な人材はいつの時代でも貴重である。漢の武帝は、全国から優秀な人材を集めるために「郷挙里選《きょうきょりせん》」を導入した。地方の人格者や才人を、地方長官の責任で中央に推薦させた。

魏の曹操は、たびたび「求賢令《きゅうけんれい》」を出している。これは、「唯才是挙（ただ才のみこれを挙げよ）」と、才能さえあれば人格や過去の犯罪は問わないという過激なものだった。その息子の曹丕は、地方の人材を等級分けする「九品官人法《きゅうひんかんじんほう》」を定めた。九品は上・中・下の3段階をさらに3つに分け、一品は上上品、九品は下下品という。卑しい人を意味する「下品」はここから来ている。ただ、郷挙里選の影響が残り、地方の有力者の中央進出手段となっていく。やがて、上級職を一部の豪族が独占するようになり、貴族化していった。

九品官人法は、その後も続いたが、隋の文帝は、登用試験によって官吏を選別する「科挙《かきょ》」を導入した。学力さえあれば家柄や身分に関係なく、誰にでも受験資格のある公平な制度といえる。隋や唐の時代では、まだ採用はわずかで、北宋の時代に本格化する。

科挙に合格した官吏は、士大夫《したいふ》と呼ばれて宋の文治政策を支えた。科挙は地方での州試《しゅうし》（解試《かいし》）、都で行われる省試《しょうし》があり、さらに宋では皇帝が直接試験に立ちあう「殿試《でんし》」があった。殿試で1位となった合格者（進士）は、「状元《じょうげん》」と呼ばれて将来が約束された。

とはいえ、科挙の試験範囲は広く、「四書五経」に加えて詩文、歴史、政治に精通していることが求められた。受験勉強は過酷なもので、幼い頃から勉強漬けで、書物を集める財力も必要であり、合格できるのはほとんどが富裕層だった。

男を捨てながらも権力に接近した宦官

中国の統治制度のなかでも特異な存在が「宦官《かんがん》」である。宦官とは、去勢された官吏のことで、外科手術の発達していなかった日本では普及しなかったが、ヨーロッパや中東にもあった。

男性器を持たないことから、男子禁制の後宮を管理運営し、表では皇帝の身の回りの世話をした。本来は捕虜や罪人など、身分の低い雑用係である。しかし、常に皇帝の傍にいることから、寵愛を受けて官職に就く者もいた。むしろ、貴族でもなく、科挙も通っていない者が政権の中枢に入り込む手段として、自分から宦官になるものもいたほどだ。

秦の始皇帝の側近だった趙高《ちょうこう》は、始皇帝の死後に国政を牛耳って秦の滅亡を招いた。後漢末期にも、十常侍《じゅうじょうじ》と呼ばれる宦官勢力と、皇后の一族である外戚《がいせき》とが権力争奪をくり返した。北宋末期に軍を率いた童貫《どうかん》、明末期に専横をふるった魏忠賢《ぎちゅうけん》など、宦官を重用したことで国を傾けた例は少なくない。しかし、宦官の制度自体は清の時代まで続いた。また、宦官のすべてが私利私欲にまみれていたわけでもない。『史記《しき》』を編纂した司馬遷《しばせん》、実用的な製紙方法を編み出した蔡倫《さいりん》、大船団を率いて七度の航海を行なった鄭和《ていわ》など、歴史に名を残した宦官もいる。

嫉妬と陰謀が渦巻く女たちだけの後宮の序列

皇帝が、政務から離れてくつろぐ場所が後宮である。後宮に入れる男性は皇帝だけで、皇后から使用人まですべて女性であり、男性とみなされない宦官が管理した。

後宮の頂点に立つのが皇帝の正妃である皇后だ。ただ、皇帝の母である皇太后や祖母の太皇太后が存命の場合には、敬意を払わなければならない。また、皇帝が寵愛する側室たちをとり

■唐の後宮制度

正一品	四夫人(貴妃、淑妃、徳妃、賢妃)
正二品	九嬪(昭儀、昭容、昭媛、修儀、修容、修媛、充儀、充容、充媛)
正三品～五品	二十七世婦(婕妤、美人、才人)
正六品～正八品	八十一御妻(宝林、御女、采女)

■宋の後宮制度

正一品	四妃(貴妃、淑妃、徳妃、賢妃)
従一品	十八嬪(太儀、貴儀、妃儀、淑儀、婉儀、順儀、順容、淑容、婉容)
正二品	十八嬪(昭儀、昭容、昭媛、修儀、修容、修媛、充儀、充容、充媛)
正三品	婕妤
正四品	美人
正五品	才人
正六品～八品	側女

■清の後宮制度

皇后	正妃	1名
皇貴妃	皇后不在の場合の最高位	1名
貴妃	側室	2名
妃	側室	4名
嬪	側室	6名
貴人	側室	定員なし
常在	女官	定員なし
答応	女官	定員なし
官女子	女官	定員なし

しきるのも皇后の役目であった。前漢の時代には、側室の昭儀《しょうぎ》を筆頭に19段階に別れていた。後漢の光武帝《こうぶてい》は、これを貴人《きじん》、美人《びじん》、宮人《きゅうじん》、采《さい》女《じょ》の4段階に簡略化させた。

　後宮の存在意義は、皇帝の子孫を残すためだ。側室の定員は決まっていたが、実際にはそれ以上の側室を持ち、後宮3000人とも1万人ともいわれる。そのなかにあって、一度皇帝の手がつき子どもを生めば、どんな低い身分でも一足飛びに昇進できた。

　公式には、側室の生んだ子は皇后の子とされる。しかし、実際には実母である側室が、皇帝の寵愛を受けて後宮に君臨した例は数多い。やはり、王朝が安定した時期ほど、皇帝の寵愛を巡る女同士の戦いは熾烈《しれつ》だ。数々の宮廷ドラマが生まれる由縁といえるだろう。

監修
関眞興

編集
芦田隆介（アシダヤシキ）

カバー・本文イラスト
丹地陽子

デザイン
矢野のり子（島津デザイン事務所）

DTP
プラスアルファ

企画・進行
小林智広（辰巳出版）

参考資料

『世界歴史大系　中国史1　先史～後漢』
松丸道雄、斯波義信ほか編　山川出版社
『世界歴史大系　中国史2　三国～唐』
松丸道雄、斯波義信ほか編　山川出版社
『世界歴史大系　中国史3　五代～元』
松丸道雄、斯波義信ほか編　山川出版社
『世界歴史大系　中国史4　明～清』
松丸道雄、斯波義信ほか編　山川出版社
『世界史とつなげて学ぶ中国全史』
岡本隆司著　東洋経済新報社
『中国列女伝―三千年の歴史のなかで』
村松暎著　中央公論新社
『列女伝～伝説になった女性たち』
牧角悦子著　明治書院
『中華料理の文化史』張競著　筑摩書房
『中国商人―知らざれる歴史　語られざる知恵』
曹天生著　尾鷲卓彦訳　徳間書店
『妓女と中国文人』斎藤茂著　東方書店
『中国服飾史図鑑』黄能馥ほか著　国書刊行会
『中国文化 55 のキーワード』
武田雅哉、加部勇一郎、田村容子編著
ミネルヴァ書房
『中国時代劇で学ぶ中国の歴史 2018 年版』
渡邉義浩監修　キネマ旬報社
『中国時代劇で学ぶ中国の歴史 2019 年版』
渡邉義浩監修　キネマ旬報社
『中国時代劇で学ぶ中国の歴史 2020 年版』
渡邉義浩監修　キネマ旬報社
『中国時代劇で学ぶ中国の歴史 2021 年版』
渡邉義浩監修　キネマ旬報社
『中国時代劇歴史大全 2021 年度版』扶桑社

著者紹介

菊池昌彦　きくち・まさひこ

雑誌編集者を経て2000年よりフリーライターとして活動。アジアの映画、音楽などエンタメのほか歴史にも通じ、雑学本から児童書まで幅広く執筆。2008年から長野に転居し、農業を営みながら執筆活動を継続中。

監修者紹介

関眞興　せき・しんこう

1944年三重県生まれ。東京大学文学部卒業後、駿台予備学校世界史科講師を経て著述家。「漫画版 世界の歴史」シリーズ、「中国の歴史」シリーズ（以上、集英社）の構成を手がけるなど、歴史関係の本の著作・監修を多く行っている。

中国時代劇がさらに楽しくなる！
皇帝と皇后から見る
中国の歴史

2021年９月10日　初版第1刷発行
2022年12月１日　初版第3刷発行

著者
菊池昌彦

発行人
廣瀬和二

発行所
辰巳出版株式会社
〒113-0033
東京都文京区本郷1-33-13 春日町ビル5F
TEL：03-5931-5920（代表）
FAX：03-6386-3087（販売部）
URL　http://www.TG-NET.co.jp

印刷・製本所
中央精版印刷株式会社

ISBN978-4-7778-2811-1